EMPRESARIAS Y EJECUTIVAS
Mujeres con poder

CENTRO DE ESTUDIOS SOCIOLÓGICOS
PROGRAMA INTERDISCIPLINARIO
DE ESTUDIOS DE LA MUJER

EMPRESARIAS Y EJECUTIVAS
Mujeres con poder

Dalia Barrera Bassols
compiladora

Ma. Guadalupe Serna Pérez, Gina Zabludovsky, Patricia Arias y Griselda Martínez Vázquez

EL COLEGIO DE MÉXICO

331.48
E55

Empresarias y ejecutivas : mujeres con poder / Dalia Barrera
 Bassols, compiladora ; Ma. Guadalupe Serna Pérez ... [et
 al.]. – – México, El Colegio de México, Centro de Estudios
 Sociológicos, Programa Interdisciplinario de Estudios de
 la Mujer, 2000.
 209 p. ; 21 cm.

 ISBN 968-12-0977-X

 1. Mujeres ejecutivas. 2. Mujeres en los negocios. 3. Mujeres propietarias de empresas. I. Barrera Bassols, Dalia, comp.
II. Serna Pérez, María Guadalupe.

Portada de Irma Eugenia Alva Valencia
Imagen de portada: Ruhende Sphinx, 1934,
autor Paul Klee

Primera edición, 2001

DR. © El Colegio de México
 Camino al Ajusco 20
 Pedregal de Santa Teresa
 10740 México, D.F.
 www.colmex.mx

ISBN 968-12-0977-X

Impreso en México

ÍNDICE

INTRODUCCIÓN

MA. GUADALUPE SERNA PÉREZ

PLANTEAMIENTO INICIAL

A partir de la década de los setenta la participación de la mujer en la actividad económica se ha hecho evidente tanto en los países industrializados como en aquellos que se encuentran en vías de industrialización. Este fenómeno atrajo la atención de un número cada vez más importante de especialistas que analizan los cambios propiciados por este fenómeno. Una multiplicidad de estudios da cuenta de la importancia de la participación femenina en la actividad económica y de cómo ésta, lejos de disminuir, se incrementa de manera consistente. A fines de la década de los noventa el perfil de la mujer trabajadora se ha puesto de relieve en la sociedad, y se analizan un sinnúmero de aspectos.

La creciente atención a la participación laboral de las mujeres no ha recaído de igual manera sobre todos los aspectos del mercado ocupacional. El análisis de las mujeres que se dedican a actividades empresariales, y que forman un grupo importante en el mundo del trabajo, sólo ha recibido una mínima atención.[1] Es deseable llenar

---

[1] Véase de Marilyn Davidson J. y Cary L. Cooper, *European Women in Business and Management*, Londres, Paul Chapman Publishing, 1993, y *Shattering the Glass Ceiling*, Londres, Paul Chapman Publishing, 1992; de Anne Kovalainen, "Women Entrepreneurs in Finland, 1960-1985", en *Sociological Abstracts*, International Association Conference Paper, 1990, y de P. Dorothy Moore, "An Examination of Present Research on the Female Entrepreneur. Sugested Research Estrategies for the 1990's", en *Journal of Business Ethics*, Netherlands, Kluwer Academic Publishers, 1990, pp. 275-281.

este aparente vacío, ya que la comprensión de la problemática de aquellas mujeres involucradas en actividades empresariales comprende aspectos que van más allá de la mera cultura empresarial. El análisis de esta forma de participación laboral tiene implicaciones profundas para la comprensión de las funciones que desempeñan las mujeres, de sus experiencias particulares en el mercado de trabajo y de las demandas que el propio mercado de trabajo les impone. Es dentro de este grupo de preocupaciones donde se inscriben los cuatro ensayos incluidos en este libro. Su importancia radica en que deben considerarse como un primer acercamiento al estado del conocimiento acerca de la participación empresarial femenina en México.

Al estudiar la inserción de la mujer en el mercado laboral se ha hecho hincapié en su incorporación a éste como consecuencia de las guerras o las crisis económicas que afectan a las economías nacionales. En las condiciones actuales del mercado de trabajo, la feminización de los espacios laborales va mucho más allá de estos fenómenos relativamente coyunturales. En los estudios compilados en el presente volumen se pone al descubierto que la mano de obra femenina ha ingresado a ciertos sectores donde el trabajo que desempeña es, de alguna manera, una extensión de las labores que realiza como responsable del hogar. Cuando la participación se da en otros ámbitos, es común que tenga un carácter temporal. Por ello es importante analizar las características que tiene la inserción de la mujer en territorios que tradicionalmente han sido considerados privativos de los hombres, como es el caso de la actividad empresarial. Su desempeño en este nuevo ámbito resulta fundamental para comprender el contexto en el que tiene lugar.

En el caso de México es importante estudiar esta forma de participación para determinar si se trata de una incursión coyuntural, si es consecuencia de las crisis recurrentes que ha padecido el país durante las últimas tres décadas, o bien si responde a una nueva forma de estructuración del orden económico y social. De la misma manera en que la mujer trabajadora se mantiene ahora en el mercado laboral sin abandonarlo al cambiar su estatus marital, la participación empresarial femenina parece tener también un carácter permanente. De serlo, significaría que estamos frente a un cambio en el orden social en el que la mujer incrementa su participación en áreas de dominio masculino. Siendo así, las mujeres estarían compitiendo de manera directa por el acceso y el control de bienes y recursos mediante la creación y consolidación de unidades económicas que lograran un nicho en el mercado, y pugnarían por ocupar puestos de alta dirección en las grandes empresas. Las consideraciones para este ejercicio serían, entonces, de orden profesional y de competencia, y no estarían estrictamente delimitadas por los puntos de transición o los marcos temporales del ciclo de vida.

Desde esta perspectiva, el profundizar en la comprensión y el análisis de la participación empresarial femenina permite incorporar nuevos elementos a la configuración de las características de la inserción de la mujer en la actividad económica y su permanencia en ella. Al abordar este tema se pone especial énfasis en el análisis de los sectores medios de la población femenina económicamente activa, que poco han atraído la atención de los estudiosos del tema en México,[2] en gran parte como consecuencia del severo impacto de las crisis económicas en los sectores populares. Sin embargo, en los albores del siglo XXI resulta evidente la participación y permanencia de la mujer en actividades económicas que exigen una profesionalización y un conocimiento, aunque sea incipiente, acerca de las formas en que se conduce la economía.

La participación empresarial femenina debe considerarse como una incursión distinta de la que ha tenido lugar en otros periodos en diferentes actividades. No se trata de ingresar como asalariada a cualquier empleo, sino de plantearse como objetivo ser propietaria y administradora de una empresa. Esto puede obedecer al propósito expreso de crearse su propia fuente de trabajo, a fin de generar ingresos para sí mismas y para el hogar del que forman parte; además, ofrece la posibilidad de generar nuevas fuentes de empleo para otras personas. Es allí donde justamente radica su carácter de empresarias, no en la intención de construir un imperio o una gran

[2] Para información sobre este tema véase Brígida García, y Orlandina de Oliveira, *Trabajo femenino y vida familiar en México*, México, El Colegio de México, 1994; Orlandina de Oliveira (coord.), *Trabajo, poder y sexualidad*, México, El Colegio de México-PIEM, 1989, y Vania Salles y Elsie Mc Phail, *Textos y pretextos. Once estudios sobre la mujer*, México, El Colegio de México-PIEM, 1991.

unidad económica. La adopción de este camino proviene de distintas razones como la insatisfacción con el trabajo que se realiza, o considerarlo la mejor opción, o bien la única, ante la falta de credenciales para competir por un empleo asalariado. El que sigan ese camino y no otro es un asunto que debe investigarse, porque en esa decisión inciden elementos de orden social y cultural relevantes para el estudio de la participación económica femenina, el mercado de trabajo y el desarrollo empresarial. En el caso específico de las mujeres ejecutivas, debe analizarse con detalle la elección empresarial como una forma de acceder a los estratos superiores de la jerarquía corporativa que les están vedados, a pesar de que cuentan con los requisitos necesarios en términos de escolaridad y experiencia. En suma, en la participación empresarial femenina concurren varias vetas que es importante explorar, y de esta incursión en territorios de control eminentemente masculinos derivan complicaciones específicas que deben analizarse con detenimiento.

ANTECEDENTES

El interés por analizar la incursión de la mujer en actividades empresariales se inició en algunos países industrializados como Gran Bretaña, Suecia, Canadá y Estados Unidos. Estos estudios afirmaron la creciente incorporación de las mujeres a lo largo de la década de los ochenta en actividades de tipo empresarial, donde eran empresarias, estaban autoempleadas o desempeñaban funciones ejecutivas. De acuerdo con Davidson y Cooper[3] la tasa de crecimiento del autoempleo femenino en Gran Bretaña fue superior a la de los hombres, con un incremento de 70% entre 1981 y 1987. En la actualidad más de 25% de la población autoempleada son mujeres. Un incremento similar ocurrió en Estados Unidos, en el periodo 1975-1985; para esta última fecha se estimó que 37% de las nuevas empresas eran de mujeres. En Suecia, durante el mismo lapso, 25% de las mujeres eran propietarias o administradoras. A partir de estos hallazgos los análisis se han enfocado sobre puntos muy diversos y

[3] Véase de los autores *Shattering...*, *op. cit.*

sus resultados han sido en ocasiones contradictorios. Están aquellos estudios que evidencian que las mujeres suelen incursionar en áreas como los servicios a la industria, predominio exclusivo de los hombres en otro momento.[4] Otros estudios analizan las trayectorias educativas de las mujeres que participan en estas actividades, y en ellos se observa que la escolaridad de ellas en puestos profesionales suele ser igual o en ocasiones superior a la de los hombres. Finalmente, se encuentran los que afirman que las mujeres incursionan en la empresa a una edad mayor que su contraparte masculina,[5] o bien, que no hay diferencias significativas entre unos y otros al iniciarse en la actividad empresarial.[6] El abanico se ha abierto en variadas posibilidades, no siempre sistemáticas, acorde con la complejidad de la dinámica que se aborda. Sin embargo, más que emprender un recuento de esta diversidad, es necesario realizar una cuidadosa revisión de los hallazgos logrados sobre esta cuestión y en los cuales el esfuerzo de sistematización es evidente.

Un tema que se ha abordado de manera sistemática se refiere a las razones por las cuales la mujer decide participar en la actividad empresarial. Especialistas como Stanworth y Curran[7] han sugerido que dentro del contexto de economías capitalistas, donde las estructuras masculinas aún persisten, es posible lograr un mayor grado de autonomía personal o autodeterminación mediante la acción individual, como distinta de la acción colectiva. La propiedad de un negocio se ha ofrecido como un medio para que los miembros de

---

[4] Robert D. Hisrich y Candida Brush, "The Woman Entrepreneur: Management, Skills and Business Problems", en *Journal of Small Business Management*, núm. 22, 1984, pp. 31-37, enero de 1984.
[5] R. Hisrich y O'Cinneide, "The Irish Entrepreneur: Characteristics, Problems and Future Success", en Ronstandt, R., R. Peterson y K. Vesper (eds.), *Frontiers of Entrepreneurship Research*, Wellesley, Mass., Babson Park, 1986, pp. 40-56.
[6] S. Johnson y David Storey, "Male and Female Entreprenuers and their Business: a Comparative Study", en Allen, Sheila y Carole Truman, *Women in Business. Perspectives on Women Entrepreneurs*, Londres, Routledge, 1993, pp. 70-85.
[7] Véase J. Stanworth y J. Curran, *Management Motivation in the Smaller Business*, Londres, Gower, 1973.

grupos minoritarios escapen de las condiciones de subordinación y logren en alguna medida su autodeterminación.[8] Cromie y Hayes, por su parte, observan en su estudio que las mujeres tenían una retribución menor a la de los hombres y no desempeñaban empleos similares, lo que implicaba que "la segregación en el trabajo significaba que los hombres y las mujeres realizaban diferentes tipos de trabajo y, por consiguiente, no estaban en competencia unos con otros".[9] Goffee y Scase,[10] al profundizar en su análisis sobre empresarias en Gran Bretaña, se percataron de que las mujeres destinaban menos tiempo al trabajo en la empresa que su contraparte masculina y las razones asociadas a esto parecían ser de tipo doméstico. Ellas se ocupaban principalmente de las responsabilidades hogareñas y la crianza de los hijos, por lo que su incorporación a la actividad económica debía salvar su obligación primaria. De este último punto se deriva, en gran parte, la explicación del porqué de la participación de la mujer en la actividad empresarial.

Los estudios que se han ocupado de este tema han puesto especial énfasis en las razones que argumentan las propias mujeres para optar por la actividad empresarial. Éstas se refieren a tres aspectos: la necesidad de autonomía e independencia al desempeñar su trabajo; la frustración ante la desigualdad que enfrentan en su carrera profesional y, finalmente, en el caso de mujeres con responsabilidades hogareñas, la falta de flexibilidad de horarios para coordinar de manera adecuada el trabajo asalariado con sus responsabilidades como madre-esposa.

La primera razón no es privativa de las mujeres; de manera similar, los hombres, cuando incursionan en actividades empresariales, también aducen la necesidad de independencia. La segunda razón es también en ocasiones un argumento al que recurren los

---

[8] Howard Aldrich y Roger Waldinger, "Ethnicity and Entrepreneurship", en *Annual Review of Sociology*, núm. 16, 1990, pp. 111-135, y Luis E. Guarnizo, "Going Home: Class, Gender, and Household Transformation Among Dominican Returned Migrants", reporte preparado para la *Comission for Hemispheric Migration and Refugee Policy*, Georgetown University, 1993.

[9] S. Cromie y John Hayes, "Towards a Typology of Female Entrepreneurs", en *The Sociological Review*, núm. 36, 1988, pp. 87-113.

[10] R. Goffee y Richard Scase, *Women in Charge. The Experience of Female Entrepreneurs*, Londres, George Allen & Unwin Publishers, 1983.

hombres para abandonar sus actividades como asalariados profesionales, o para iniciarse en la actividad económica. No obstante, en el caso de las mujeres la frustración se refiere a un trato desigual frente a sus contrapartes hombres: se arguye de manera consistente como una razón que tiene que ver con la segregación de género. Si la mujer tiene interés en ascender dentro de una jerarquía, debe estar mejor calificada y trabajar más intensamente que su contraparte masculina.[11] Es decir, entre los hombres se compite en igualdad de circunstancias, pero esto no sucede cuando la competencia es entre hombres y mujeres. La tercera razón, que vincula al hogar con la empresa es, en cambio, privativa del universo femenino: ésta no se incluye en ningún análisis sobre empresarios. De acuerdo con esta apreciación, las responsabilidades tradicionalmente asignadas a la mujer-madre-esposa y la multiplicidad de funciones que desempeña la obligan a modificar su trayectoria laboral, cosa que no sucede con los hombres. La empresa le ofrece entonces la posibilidad de repartir de manera adecuada el tiempo, combinando sus actividades para atender el negocio que le interesa como proyecto y el hogar que es su responsabilidad.

Los distintos estudios de este grupo encontraron que las mujeres, sobre todo las que se desempeñaban como ejecutivas, consideraban que dentro de las instituciones o compañías en las que laboraban habían llegado al "techo de cristal", es decir, al nivel por encima del cual no era posible esperar ninguna promoción. La opción de desarrollar su propio negocio se veía como una posibilidad que les permitía rechazar las instituciones sociales que las colocaban en situaciones de desventaja. En este sentido son importantes los trabajos de Aldrich y Waldinger, Cromie y Hayes, Goffee y Scase, Longstreth, Neider, y Scott.[12] Esta condición es similar a la referida

[11] Véase de M. Davidson y C. Cooper, *Shattering...*, *op. cit.*
[12] A. Howard y R. Waldinger, *op. cit.*; S. Cromie y J. Hayes, *op. cit.*; R. Goffee y Richard Scase, *op. cit.*; Molly Longstreth, Kathryn Stafford y Terersa Mauldin, "Self-Employed Women and Their Families: Time Use and Socioeconomic Characteristics", en *Journal of Small Business Management*,, núm. 25, julio de 1987, pp. 30-37; Linda Neider, "A Preliminary Investigation of Female Entrepreneurs in Florida", en *Journal of Small Business Management*, núm. 25, julio de 1987, pp. 22-29, y Carole E. Scott, "Why More Women Are Becoming Entrepreneurs", en *Journal of Small Business Management*, octubre de 1986, pp. 37-44.

por algunos estudios sobre grupos minoritarios como negros, asiáticos y latinos, para el caso de Estados Unidos.[13] Su trayectoria incluye experiencias poco satisfactorias con sus trabajos anteriores y evidencia la discriminación ante la competencia directa con hombres en la promoción hacia mejores puestos. Este punto se encuentra muy bien documentado en los estudios de Davidson y Cooper para Gran Bretaña, y en los de Nelton y Scott para Estados Unidos.[14] En ellos se muestra que a las mujeres se han opuesto obstáculos mayores para desarrollar sus carreras en empresas y organizaciones, especialmente cuando pretenden alcanzar altos puestos ejecutivos y gerenciales.

La necesidad de coordinar la vida de trabajo con la vida familiar es otro de los principales factores que han empujado a las mujeres a iniciar sus propias compañías. Estudios como los de Goffee y Scase, Neider, Nelton, Londsdale, y Watt,[15] han hecho hincapié en que las responsabilidades domésticas, sobre todo el cuidado y la crianza de los hijos, acentúan las dificultades para que la mujer se integre al trabajo de tiempo completo y avance hacia puestos directivos medios y altos. El ser propietarias de sus propios negocios les ha ofrecido la oportunidad de contar con flexibilidad en el manejo de su tiempo para combinar sus ambiciones como empresarias con el deseo de una vida familiar activa. Por otra parte, en el caso de aquellas que se alejaron temporalmente de la actividad económica, la opción de crear su propio negocio las eximía de someterse a criterios de selección basados en edad, sexo o apariencia.[16] En cuanto a la necesidad de contar con independencia social y económica, la actividad empresarial les ha permitido llevar a cabo proyectos que se habían visto obstaculizados en sus trabajos anteriores.[17]

---

[13] Véase la obra citada de Luis E. Guarnizo.

[14] Véase M. Davidson y C. Cooper, *op. cit.;* Sharon Nelton, "The Age of Woman Entrepreneur", en *Nation's Business*, núm. 77, 1989, pp. 22-30, y C. Scott, *op. cit.*

[15] R. Gooffee y R. Scase, *op. cit.*; L. Neider, *op. cit.*; S. Nelton, *op. cit.*; Susan Lonsdale, *Work and Inequality*, Londres, Longman, 1985, y Ian Watt, "Linkages Between Industrial Radicalism and the Domestic Role Among Working Women", en *Sociological Review*, núm. 28, 1980, pp. 55-74.

[16] C. Scott, *op. cit.*, y S. Cromie y J. Haye, *op. cit.*

[17] R. Gooffee y R. Scase, *op. cit.*

Los resultados de estos análisis indican claramente que el estudio de la participación empresarial femenina debe considerar, por una parte, las formas específicas en que se inicia la incursión de la mujer en estos ámbitos y, por otra, la relación directa que en muchos casos tiene esa forma de participación con el hogar. Esto significa que la investigación debe compaginar el estudio de la unidad doméstica en que se inserta una mujer con el desarrollo de la unidad económica que encabeza. Para el caso de las mujeres que ocupan puestos ejecutivos es importante localizar los lugares y las actividades que desempeñan en sus puestos, el tipo de empresas en que participan y la forma en que ha tenido lugar la contratación.[18] También es necesario analizar la trayectoria de estas mujeres que ven como una opción real su vinculación a la actividad empresarial como jefas de empresa frente al desencanto del ejercicio profesional. Esto no implica que todas las mujeres ejecutivas abandonen en algún momento el ejercicio profesional, pero sí que, ante una situación de desigualdad y con la experiencia que tienen en puestos de dirección, entre las opciones que se les presentan eligen preferentemente la actividad empresarial.

El inicio de una empresa siempre presenta dificultades y, de entrada, debe enfrentar problemas de financiamiento. A este respecto, las investigaciones realizadas han encontrado que la mayoría de las mujeres al comenzar una empresa no contaban con suficientes recursos para hacerlo, lo que las obligaba a depender de préstamos bancarios. Sin embargo, los ejecutivos bancarios o bien no tomaron con simpatía su solicitud, o las trataron de manera condescendiente.[19] Estas reacciones las impulsaron a asociarse con hombres para negociar créditos con garantía y, gracias a sus socios, obtener respuestas positivas a sus solicitudes. Las mujeres que optaron por ese tipo de asociaciones eran consientes de que un uso adecuado de sus relaciones de género les permitía obtener ventajas de su posición de desventaja. La manipulación de estas relaciones facilitaba, al mismo

---

[18] En México algunas empresas multinacionales, que en sus reglamentos incluyen la cobertura de cuotas de minorías étnicas, contratan a las mujeres como parte de este rubro, de ahí que la mujer incursione de entrada con carácter de minoría, no de igualdad profesional.

[19] R. Gooffee y R. Scase, *op. cit.*

tiempo, lograr sus propósitos: el inicio y el desarrollo de una empresa. El estudio de Nelton[20] menciona brevemente que las pequeñas empresas dirigidas por mujeres han recibido crédito más fácilmente después del tercer año de operaciones, cuando ya se les considera empresas establecidas. Por lo tanto, el primer préstamo que las aspirantes a empresarias reciben proviene generalmente de sus padres, de familiares cercanos, o bien de sus propios ahorros. Aunque la información al respecto es escasa, parece fundamental continuar profundizando en este tema: del financiamiento adecuado depende en gran medida el arranque de la empresa, por lo que es importante comprenderlo bien para saber cómo lograr políticas de apoyo a las pequeñas empresas de mujeres. Si bien tanto los hombres como las mujeres de empresa reconocen que los problemas de financiamiento, así como de asesoría, son factores cruciales para el éxito del proyecto empresarial, se debe subrayar, en el caso de las mujeres, que los sistemas de crédito no evalúan como deberían la viabilidad del proyecto que se presenta, sino a quien lo presenta.

Las características sociodemográficas de las mujeres que desempeñan actividades empresariales y el sector de actividad donde participan han recibido muy poca atención y se han centrado sobre todo en lo que concierne a las empresarias de Estados Unidos. En estos trabajos se afirma que la mayoría de ellas son casadas o divorciadas, con edades de entre 30 y 45 años, madres de uno o dos hijos y universitarias con carreras terminales que no se relacionan con el mundo de los negocios.[21] Sin embargo, el tamaño de las muestras empleadas impide establecer estadísticamente un perfil representativo de estas empresarias.

CUATRO APROXIMACIONES AL ESTUDIO DE LAS ACTIVIDADES EMPRESARIALES Y EJECUTIVAS FEMENINAS EN MÉXICO

La revisión bibliográfica sobre la investigación de las actividades empresariales de las mujeres nos indica que hay enormes lagunas

---

[20] S. Nelton, *op. cit.*
[21] R. Hisrich y C. Brush, *op. cit.*; L. Neider, *op. cit.*; S. Nelton, *op. cit.*, y C. Scott, *op. Cit.*

que deben ser cubiertas para avanzar en el conocimiento de este problema. Éste es uno de los propósitos del presente volumen. Los cuatro ensayos que aquí se incluyen corresponden a distintas promociones del Programa Interdisciplinario de Estudios de la Mujer de El Colegio de México. El de Gina Zabludovsky corresponde a la sexta promoción 1991-1992; el de Patricia Arias a la décima, 1995-1996; el de Guadalupe Serna a la novena, 1994-1995, y el de Griselda Martínez a la octava, 1993-1994. Se ha procurado, por tanto, incluir ensayos que abordan por primera vez las características de la participación empresarial y ejecutiva femenina en México, los cuales, partiendo de distintos puntos de vista, coinciden en la intención de profundizar en ese conocimiento y discutir las rutas que deberán seguirse para avanzar en un proceso de investigación sistemático y fructífero.

El trabajo de Gina Zabludovsky se acerca al estudio de las mujeres de empresa a partir del análisis de datos agregados y encuestas diseñadas por la autora para ser aplicados a mujeres de empresa. Con una perspectiva sociológica, su propósito es caracterizar el perfil de este sector en México, requisito necesario para determinar las particularidades que tiene de ocupación. Proporciona una definición de carácter operativo en la que se considera *empresaria* a "aquella mujer que es propietaria y dirigente de su empresa y que además contrata por lo menos un trabajador asalariado dentro de la misma". Para contextualizar esta participación compara los distintos grupos ocupacionales que conforman la población femenina económicamente activa. Al hacerlo pone de relieve la escasa atención que se presta en México al desempeño de una actividad cuyo objetivo principal es generar fuentes de empleo. Ello contrasta significativamente con las tasas de participación que se alcanzan en los países industrializados.

Al atender al sector de actividad en el que participan las mujeres de empresa encuentra que su labor se concentra principalmente en el comercio y los servicios, y en menor medida en el sector industrial, lo que responde a una tendencia general, pues al comparar estos porcentajes con los de otros países se observa una concentración similar. Para la autora, el hecho de que la mujer participe principalmente en el comercio y los servicios responde al "tipo de relaciones interpersonales que requieren estas actividades y al menor monto de

capital para su despegue". Lo que implica que "independientemente del índice general de participación femenina, las mujeres
en la actividad económica tienden a concentrarse en un número reducido de ocupaciones que son consideradas propiamente femeninas". Resulta interesante explorar con mayor profundidad este
hallazgo, pues implica que aunque las mujeres participen en actividades que son territorio de los hombres, se mantienen en empresas
que ofrecen un tipo de bienes o servicios que generalmente han sido
realizados por las mujeres.

En lo que se refiere al tamaño de la empresa, Zabludovsky confirma que México continúa siendo un país de microempresas. Esto
significa que tanto las mujeres como los hombres son mayoritariamente propietarios de empresas que emplean a 15 trabajadores
o menos por unidad económica, de acuerdo con los criterios de Nafinsa. Pero no deja de advertirse el hecho de que, en el largo plazo,
las empresas encabezadas por hombres llegan a tener un tamaño
mayor que las de las mujeres.

Aunque las encuestas no permiten un análisis más profundo
acerca de las razones que aducen las mujeres para que sus empresas tengan un tamaño menor que las de los hombres, sí proporcio-
nan a la autora algunas posibles explicaciones, sobre las cuales
valdría la pena continuar trabajando. Zabludovsky pudo perca-
tarse de que las mujeres de empresa tienen problemas de credibilidad frente a la banca en el momento de gestionar créditos para
sus unidades económicas. En este punto los trabajos de Goffee y
Scase en Gran Bretaña muestran hallazgos similares.[22] Asimismo,
el trabajo de Serna sobre empresarias de Córdoba y Aguascalientes incluido en este libro documenta casos semejantes. Sin embargo, como Zabludovsky sugiere, es necesario analizar lo que sucede
tanto en empresas de hombres como de mujeres en los mismos
sectores de actividad económica para confirmar esta discriminación y determinar sus características. Al mismo tiempo se requiere,
abandonar el supuesto de que necesariamente toda empresaria
persigue consolidar una unidad de gran tamaño. De hecho, mediante estudios de caso en los que se analice detenidamente la

[22] R. Gooffee y R. Scase, *op. cit.*

trayectoria de la empresa será posible comprobar que algunas de tamaño micro, encabezadas por mujeres, logran un nicho competitivo en el mercado y destinan los excedentes, no al incremento de la planta de trabajadores sino a mejorar la tecnología para mantener su competitividad.

Respecto al perfil sociodemográfico de las empresarias, la autora proporciona datos de sus propias encuestas que no tienen representatividad estadística, por lo que los resultados deben considerarse como tendencias o indicaciones generales. De acuerdo con ellos, las mujeres empresarias tienen entre 30 y 55 años y cuentan con una elevada escolaridad, lo que muestra similitudes con estudios de iguales características llevados a cabo en algunas localidades de Estados Unidos. Sin embargo, lo más conveniente para conocer el perfil de las empresarias en nuestro país, en términos de sus características sociodemográficas, es analizar los datos de la Encuesta Nacional de Empleo Urbano (ENEU). Este invaluable instrumento permite lograr un perfil confiable y estadísticamente representativo de la mujer de empresa en las principales ciudades de México y la población urbana en su conjunto. Una vez obtenida esta información, el trabajo de campo y el empleo de historias de vida, en un ejercicio como el realizado por Arias, permitiría establecer un sólido perfil de las empresarias y poner de relieve las diferencias que se encuentran en las diversas regiones del país.

El ensayo de Patricia Arias, de corte antropológico, se acerca al estudio de mujeres de empresa en comunidades rurales y ciudades pequeñas, en una parte de la región del occidente de México. Estas localidades comparten entre sí una compleja historia de migración a la que en los últimos años se han incorporado también las mujeres. El situar su análisis en este contexto tan diverso, le permite mostrar los "factores de cambio y la combinación de elementos que hacen posible el desarrollo de la empresa".

Las zonas de migración presentan singularidades respecto de otras regiones del país, pues en ellas ha tenido lugar una recomposición de la organización familiar, ante la ausencia casi permanente del padre. Las mujeres se han visto obligadas a diseñar estrategias para proveerse de los medios económicos necesarios para lograr su propio sustento o el de sus hijos, y una de éstas ha sido el iniciarse en los negocios. Así, este conjunto de localidades es un laboratorio ideal para "conocer los procesos y factores socioculturales que inciden en la construcción y reconstrucción de la identidad femenina". Las mujeres empresarias son vistas como sujetos innovadores, al desempeñar funciones distintas de las tradicionales, por lo que se podría esperar que ellas se convirtieran en agentes de cambio de estas identidades, como consecuencia de su propia actividad y de la interacción cotidiana con un universo distinto al de ellas.

Las historias de vida de mujeres que han participado, o que aún participan en la actividad empresarial permiten la compilación de un tipo de información que ofrece enormes posibilidades para la comprensión de la manera en que se inician en la actividad económica y de las razones que tienen para hacerlo. Arias selecciona dos grupos de edad: mujeres de 59 a 65 años de edad, con una permanencia de casi 30 años en los negocios, y mujeres de entre 25 y 35 años, con una antigüedad como empresarias de casi 15 años. La división por grupos de edad permite a la autora analizar y comparar a dos conjuntos que comparten distintos universos culturales e históricos, lo que es necesario para determinar los cambios que han tenido estas identidades femeninas.

El calificativo de mujeres en los negocios, asignado a las empresarias de mayor edad, atiende al hecho de que este grupo se vinculó al mundo de la empresa por necesidad económica, como consecuencia de los eventos que tuvieron lugar dentro del hogar. Se trataba de viudas o abandonadas por con un cónyuge migrante o, en su defecto, de solteronas sin posibilidades de ser sostenidas por alguien. Ello contrasta significativamente con el grupo de jóvenes empresarias, quienes, como observa Arias, sí tienen un proyecto personal, que considera la posibilidad de ser mujer de negocios. Es decir, que en este caso existe una decisión personal de participar en la actividad económica.

Las mujeres en los negocios vivieron dentro de una "sociedad ranchera". En esos hogares ligados a la tierra y a la cría de ganado, la confección de prendas para la familia, el deshilado y el bordado, el cuidado de los animales y la preparación de productos lácteos formaban parte de los quehaceres femeninos. De ahí que su salida "natural" al mundo económico se diera en la confección y la manufactura de alimentos. En momentos en que el circulante escaseaba, la esposa y los hijos se incorporaban como peones sin retribución para sacar adelante las cosechas. Las mujeres de los pueblos, por su parte, colaboraban en el comercio familiar hasta que su estatus marital cambiaba.

El fenómeno migratorio que tuvo lugar en estas localidades propició que las mujeres quedaran solas, por abandono, viudez o soltería, y fue este grupo el que ingresó a la actividad económica como negociante. Pero esta actividad se realizaba para cumplir con responsabilidades de proveedor, a falta de un hombre en la unidad, por lo que tan pronto les era posible deshacerse de esa obligación, abandonaban el negocio, o bien lo trasmitían a un miembro masculino de su núcleo de parentesco. Esto implicaba también que no importaba si el nuevo negociante continuaría como tal; ése no era asunto de su competencia. No eran mujeres de empresa sino mujeres con responsabilidades económicas para quienes los negocios emprendidos constituían la única actividad para la que estaban preparadas. Su única finalidad era allegarse recursos que destinarían al hogar o a su persona. Para completar este esquema, cuando la empresa lograba un crecimiento importante enfrentaba la imposibilidad de transformarse en algo más que un negocio para la familia. La restructuración de estas unidades en crecimiento no era posible, pues implicaba una reorganización de la empresa y la creación de una estructura organizativa. Convertirse en una empresa familiar hacía necesaria la incorporación de algunos miembros de la familia, incluyendo al propio esposo, dentro de la jerarquía administrativa organizada para ese fin. La negociante normalmente no estaba interesada en promover esos cambios, ni contaba con asesoría sobre la dirección correcta que debería seguir, ni con el apoyo para lograrlo. Por eso se entiende que estuviesen dispuestas a recluirse en el hogar una vez que podían delegar la responsabilidad de manutención en algún miembro masculino del núcleo de parentesco –de acuerdo con su propia perspectiva de quién era proveedor–, o cuando habían cumplido su objetivo coyuntural de supervivencia.

El éxito económico de estos negocios dependía, en gran medida, de que lograran mantener una actitud conservadora en el vestir y en el vivir. Las mujeres de este grupo "no trataron de negociar nuevas identidades de género, sino que se insertaron y manipularon los resquicios que ofrecía el contexto social tradicional de mujeres 'en situación especial'". Esta actitud contrasta significativamente con la del grupo de empresarias jóvenes que, por su edad, bien podrían haber sido ser hijas de aquéllas. Este grupo, al que Patricia Arias denomina las "mujeres de negocios", tiene en común el haber nacido en una época diferente, además de haberse formado fuera de las localidades de origen, ante la necesidad de sus padres de mejorar su situación económica, lo que implicó también una escolaridad mayor que la del otro grupo. Las mujeres de este grupo que permanecieron en su lugar de origen lucharon contra la autoridad paterna para tener la posibilidad de estudiar y trabajar en las ciudades cercanas. Sus creencias acerca de lo que significa ser mujer sufrieron cambios al integrarse a temprana edad a la actividad económica, como auxiliares y después administradoras de los negocios de la familia, o en el comercio de ropa con la intención de mantenerse. Éstas desarrollan negocios sobre todo en el comercio y en los servicios, aunque algunas participan en las manufacturas. Tienen, a diferencia de las mujeres en los negocios, metas personales, un proyecto de carácter familiar que necesita de, y es apoyado por, sus cónyuges, cuando los tienen. Las mujeres solteras de este grupo establecieron redes de apoyo que les permitieron avanzar en su proyecto. Llaman la atención aquí las distintas estrategias que siguen para consolidar sus empresas, como el mantenerse alejadas de la familia política, o el casarse con hombres ajenos a la comunidad, alejando así a su propia familia extensa. Se han colocado en la actividad económica y su interés principal es continuar ahí.

El tercer estudio es el mío y en él intento profundizar en el conocimiento de las condiciones en que se desarrollan las relaciones de género para aquellas mujeres que coordinan una unidad doméstica, al mismo tiempo que dirigen una empresa. El problema ha sido poco estudiado y el ensayo ahonda en las condiciones que enfrentan las mujeres de empresa en dos ciudades medias de México con características regionales diferentes.

Como el contexto general donde se desarrolla la actividad empresarial femenina tiene claros tintes de discriminación, el ensayo busca identificar las razones por las que esto sucede. Para ello, revisé los estudios sobre la participación de la mujer en actividades empresariales y las principales conclusiones a que éstos han llegado: se trata de un grupo minoritario que participa en la actividad económica en condiciones éstos de desventaja. En seguida describo las condiciones generales de las dos regiones donde se insertan los estudios de caso en los que está basado el ensayo: la ciudad de Aguascalientes, capital del estado, y las de Córdoba y Orizaba, en Veracruz. En ambas, los datos censales permiten observar la pequeñísima proporción que representan las empresarias en el mercado de trabajo.

El meollo del artículo está en la complejidad de factores que inciden en el proceso de formación y desarrollo de las empresas encabezadas por mujeres. En particular profundizo en tres aspectos donde las relaciones de género tienen especial relevancia para el inicio y la consolidación de la unidad productiva encabezada por una mujer. El primero, del establecimiento y el desarrollo de la empresa, se refiere a los obstáculos que derivan específicamente del género de la propietaria. Éstos tienen que ver, principalmente, con las razones para elegir la opción empresarial, las trabas para que una mujer se convierta en cabeza de empresa y las peculiaridades de la organización interna de la empresa. El segundo aspecto, referido al desarrollo de las empresas de mujeres y sus nexos con el entorno social, revisa las relaciones de las empresarias con sus homólogos hombres y la forma en que éstos las perciben, la participación de las empresarias en las cámaras y asociaciones gremiales, así como el acceso al crédito. Por último el tercer aspecto, el de la administración y coordinación conjunta de la empresa y el hogar, revisa este doble papel de la empresaria y sus dificultades en torno de la administración de recursos, tiempo y atención, con insistencia en los obstáculos que debe enfrentar en esta coordinación.

En las conclusiones del ensayo se insiste en la importancia de estudiar las relaciones de género que inciden en el establecimiento y el desarrollo de empresas encabezadas por mujeres. Los tres aspectos analizados conducen a conclusiones específicas. En primer lugar está la multiplicidad de factores que llevan a la mujer a tomar la decisión de convertirse en empresaria, obligándola a ejercer un mayor control sobre el tiempo y los recursos que ha de distribuir entre la empresa y el hogar. En segundo lugar, otra conclusión es la evidente relación desigual entre empresarios y empresarias y los obstáculos que esta condición impone al crecimiento y la consolidación de las empresas encabezadas por mujeres. En tercer lugar se subrayan los problemas derivados del doble papel de la empresaria como coordinadora de una unidad de producción y una unidad de reproducción. Las estrategias aplicadas para resolver las contradicciones que esto provoca tienen una incidencia directa sobre las capacidades de la empresaria y sobre las posibilidades de consolidación y crecimiento de la empresa.

La participación de la mujer en la conducción empresarial tiene lugar en dos universos distintos. En uno se encuentran las mujeres empresarias, esto es, aquellas que son propietarias de negocios, que contratan personal –asalariado y no asalariado– y que participan activamente en la coordinación y administración de estas unidades. En otro están aquellas mujeres que son asalariadas profesionales, sin participación accionaria en la empresa en que laboran y que ocupan puestos gerenciales o directivos, esto es, las mujeres ejecutivas. Ambos grupos tienen en común el participar en territorios considerados como masculinos. De igual manera, en ambos se lucha permanentemente por ocupar un lugar activo dentro de la estructura social y económica, por conquistar el derecho a percibir un ingreso para ellas o para su familia, por generar empleos que redunden en beneficio de todos, o por tener un buen desempeño profesional a fin de mejorar las empresas donde laboran.

El trabajo de Griselda Martínez, sobre mujeres ejecutivas en el sector financiero mexicano, cabe en este último contexto. El objetivo de la autora es analizar qué problemas enfrentan las mujeres en esta organización y cuáles son sus estrategias para superar los límites impuestos por la condición de ser mujeres. La autora pone énfasis en el hecho de que la presencia de la mujer en la dirección empresarial se debe entender como "una nueva forma de expresión sociocultural, pues son mujeres que toman decisiones y ejercen el poder en áreas tradicionalmente masculinas".

El ensayo de Martínez analiza información que proviene de entrevistas con mujeres y hombres que ocupan puestos ejecutivos, con lo que trata de profundizar en la comprensión de las características y el contexto donde esta participación tiene lugar. Define como ejecutivos a quienes "no son accionistas de la empresa pero ocupan los niveles más altos de la estructura organizacional, tienen personal a sus órdenes y primordialmente toman decisiones estratégicas y funcionales en la empresa u organismo en el que desempeñan su trabajo".

Martínez encuentra que uno de los factores que influyen en el desempeño de la actividad profesional de estas mujeres es su condición de madre, que es percibida por los empleadores como limitante para el desarrollo de un trabajo eficiente. Sobre esta base, insiste en que tales barreras irán resquebrajándose gracias a la eficiencia de un adecuado ejercicio profesional. Paralelamente debería crearse una infraestructura para la atención de las madres trabajadoras, tan eficiente como las propias ejecutivas en el desempeño de su profesión. Del mismo modo se hace necesaria la aplicación de nuevas políticas de contratación que eliminen los mecanismos tradicionales de inserción en el trabajo, que solían basarse principalmente en la lealtad. Sólo la institucionalización de nuevos criterios de contratación y permanencia permitirá evaluar las capacidades y las habilidades atendiendo a la escolaridad, la experiencia laboral y el liderazgo. Estos criterios, concluye, harán factible la equidad entre hombres y mujeres en condiciones similares, y ofrecerán la posibilidad de participar en procesos de selección que atiendan a criterios objetivos.

Martínez encuentra, entre los factores que propician o inhiben el ascenso, que las mujeres ejecutivas ponen énfasis en la importancia de contar con jefes de los que puedan aprender, que compartan sus experiencias y habilidades, que aprecien el trabajo y que muestren profesionalismo en el desempeño de sus funciones. Lo que hace que el ascenso no dependa de criterios personales. Al mismo tiempo, observa que las mujeres que desempeñan puestos de dirección tienden a ser más autoritarias que los hombres, y que justifican esta conducta por el difícil ambiente que prevalece dentro de las organizaciones, aunque también es una estrategia para poder ascender. Al seleccionar personal los hombres optan por lo más parecido a ellos, y este hecho pone en dificultades a la mujer que quiere traspasar el "techo de cristal", pues en los puestos de alta dirección las mujeres apenas si están representadas. La evaluación del desempeño basada en la eficiencia y la capacidad demostrada abre, a las mujeres, la posibilidad de acceder a puestos de alta dirección, lo cual acabará por diluir el techo de cristal en el largo plazo.

Al analizar el perfil del ejecutivo desde la perspectiva de con quienes se entrevistó, Martínez observa que los criterios atienden a las capacidades en la toma de decisiones, y a la responsabilidad y profesionalismo; es decir, que estas características no se identifican con el sexo. Para Martínez esta percepción compartida por hombres y mujeres se considera un avance, ya que significa la construcción de un nuevo modelo de jefe, con capacidades de liderazgo, en el que la mujer no queda excluida. Finalmente, la autora se refiere a las diferencias en los estilos de liderazgo entre mujeres y hombres, y observa que hay coincidencias en ambos grupos. Para los entrevistados, las mujeres tienden a ser más intuitivas, sensibles y perceptivas. Estas cualidades tienen un valor especial en el área de los negocios, por lo que poco a poco se va aceptando la participación de la mujer. Desde luego esto va aparejado a un perfil del ejecutivo que ya cubren las mujeres que cuentan con una adecuada formación profesional y experiencia en el sector.

Los artículos que forman este libro abordan desde distintas ópticas el estudio de la participación empresarial femenina. Cada uno de ellos plantea la necesidad de continuar en este ejercicio de manera sistemática, para configurar un marco adecuado de comprensión del fenómeno. Los trabajos de Arias, Martínez, y el mío dan cuenta de la importancia de privilegiar el uso de la información de carácter cualitativo, obtenida mediante trabajo de campo, en el análisis de la participación empresarial femenina. Los tres ensayos resaltan la utilidad de centrarse en el análisis de la empresa que toma en cuenta a la familia y el papel que está desarrolla en la estructura económica y social de nuestro tiempo. Los estudios de caso y las historias de vida de empresarias y empresas, constituyen una herramienta fundamental que permite recuperar información invaluable que servirá para el análisis de lo que el trabajo significa para las mujeres y las orientaciones que tienen al participar en la actividad empresarial. Este tipo de información también permite emprender la evaluación del contexto particular donde se inicia una unidad económica, cómo se desarrolla está, cuáles son sus apoyos y qué obstáculos debe vencer para consolidarse.

Sin embargo, la representatividad del fenómeno no puede establecerse con base en muestras que no son representativas ni estadísticamente confiables. Para lograr análisis seguros es necesario emplear información de diversas fuentes. Por una parte, se requiere información de campo, cuya validez está dada por el contexto, la consistencia interna de los relatos y el carácter comparativo de los datos.

Ésta es la información que privilegian Arias, Martínez y yo misma. Por otra parte se requiere hacer uso de información que derive su certidumbre de la calidad del instrumento estadístico: muestreo representativo y encuestas probadas. Este tipo de información es analizada en el artículo de Zabludovsky, quien emplea datos de los censos de población y los censos económicos. En este punto será necesario hacer uso de instrumentos como la Encuesta Nacional de Empleo Urbano (ENEU) que suele aplicarse en las principales zonas urbanas del país y es una de las fuentes de información más confiables con las que se cuenta en México para este tipo de asuntos. La ENEU permite obtener datos trimestrales sobre la población económicamente activa y las actividades que se desarrollan en las distintas zonas urbanas. Incluye información sobre participación empresarial, que está agrupada por sexo; características sociodemográficas de las empresarias; tamaño y sector de actividad de las unidades económicas, entre otros factores; de ahí que sea indispensable para caracterizar el fenómeno de la participación empresarial femenina en México.

También es importante establecer diferencias y similitudes entre las mujeres que desempeñan actividades empresariales en distintas regiones de México, y determinar hasta qué punto esos contrastes obedecen a las distintas formas que adopta el desarrollo económico regional. Esta labor implica el análisis de la trayectoria de las mujeres de empresa y también la de sus unidades económicas. A partir de este punto se tendrán los elementos suficientes para definir qué es una empresaria y qué una empresa en el contexto socioeconómico de México. Estas definiciones deberán combinar los planteamientos teóricos con las características de orden práctico.

Al insertarnos en la unidad económica, forzosamente el análisis derivará hacia la explicación de la manera en que operan las fuentes de financiamiento para las empresas en México y los obstáculos de género que enfrentan las empresarias. Asimismo se analizarán los obstáculos que coartan el buen desempeño de la actividad empresarial, tanto de los hombres como de las mujeres. Deberán explorarse también la organización interna de la empresa y las formas que asume su desarrollo. El caso de las empresas encabezadas por mujeres con responsabilidades hogareñas conlleva el análisis conjunto de una unidad de producción y una unidad de reproducción, así como la relación existente entre una y otra.

Finalmente, al continuar esta veta de análisis se debe tener claro que pocas mujeres incursionan en la actividad económica como distracción o con el propósito de obtener un ingreso superfluo para gasto suntuario. Cuando ellas montan una empresa lo hacen por dos tipos principales de razones: en algunas ocasiones porque tienen necesidad de contribuir de manera sustancial al ingreso familiar, o tomar a su cargo una parte o la totalidad de las responsabilidades del hogar; en otras, por una multiplicidad de aspectos que no tienen que ver con el financiamiento directo al hogar, sino que obedecen a metas y satisfacciones personales.

BIBLIOGRAFÍA

Aldrich, Howard y Roger Waldinger, "Ethnicity and Entrepreneurship", en *Annual Review of Sociology*, núm. 16, 1990, pp. 111-135.

Cromie, S. y John Hayes, "Towards a Typology of Female Entrepreneurs", en *The Sociological Review*, núm. 36, 1988, pp. 87-113.

Davidson J., Marilyn y Cary L. Cooper, *European Women in Business and Management*, Londres, Paul Chapman Publishing, 1993.

——, *Shattering the Glass Ceiling*, Londres, Paul Chapman Publishing, 1992.

García, Brígida y Orlandina de Oliveira, *Trabajo femenino y vida familiar en México*, México, El Colegio de México, 1994.

Goffee, R. y Richard Scase, *Women in Charge. The Experience of Female Entrepreneurs*, Londres, George Allen & Unwin Publishers, 1985.

——, "Business Ownership and Women's Subordination: A Preliminary Study of Female Propietors", en *Sociological Review*, núm. 31, 1983, pp. 625-647.

Guarnizo, Luis E., "Going Home: Class, Gender, and Household Transformation Among Dominican Returned Migrants", reporte preparado para la *Comission for Hemispheric Migration and Refugee Policy*, Georgetown University, 1993.

Hisrich, Robert D. y Candida Brush, "The Woman Entrepreneur: Management, Skills and Business Problems", en *Journal of Small Business Management*, núm. 22, enero de 1984, pp. 31-37.

Hisrich, R. y O'Cinneide, "The Irish Entrepreneur: Characteristics, Problems and Future Success", en Ronstandt, R., R. Peterson y K. Vesper (eds.), *Frontiers of Entrepreneurship Research*, Wellesley, Mass., Babson Park, 1986, pp. 40-56.

Johnson, S. y David Storey, "Male and Female Entrepreneurs and their Business: a Comparative Study", en Allen, Sheila y Carole Truman, *Women in Business. Perspectives on Women Entrepreneurs*, Londres, Routledge, 1993, pp. 70-85.

Kovalainen, Anne, "Women Entrepreneurs in Finland 1960-1985", en *Sociological Abstracts*, International Association Conference Paper, 1990.

Lonsdale, Susan, *Work and Inequality*, Londres, Longman, 1985.

Longstreth, Molly, Kathryn Stafford y Terersa Mauldin, "Self-Employed Women and Their Families: Time Use and Socioeconomic Characteristics", en *Journal of Small Business Management,*, núm. 25, julio de 1987, pp. 30-37.

Moore, P. Dorothy, "An Examination of Present Research on the Female Entrepreneur. Sugested Research Estrategies for the 1990's", en *Journal of Business Ethics*, Netherlands, Kluwer Academic Publishers, 1990, pp. 275-281.

Neider, Linda, "A Preliminary Investigation of Female Entrepreneurs in Florida", en *Journal of Small Business Management*, núm. 25, julio de 1987, pp. 22-29.

Nelton, Sharon, "The Age of Woman Entrepreneur", en *Nation's Business*, núm. 77, 1989, pp. 22-30.

Oliveira, Orlandina de (coord.), *Trabajo, poder y sexualidad*, México, El Colegio de México-PIEM, 1989.

Salles, Vania y Elsie Mc Phail, *Textos y pre-textos. Once estudios sobre la mujer*, México, El Colegio de México-PIEM. 1991.

Scott, Carole E., "Why More Women Are Becoming Entrepreneurs", en *Journal of Small Business Management*, octubre de 1986, pp. 37-44.

Stanworth, J. y J. Curran, *Management Motivation in the Smaller Business*, Londres, Gower, 1973.

Watt, Ian, "Linkages Between Industrial Radicalism and the Domestic Role Among Working Women", en *Sociological Review*, núm. 28, 1980, pp. 55-74.

LAS EMPRESARIAS EN MÉXICO: UNA VISIÓN COMPARATIVA REGIONAL Y GLOBAL

GINA ZABLUDOVSKY*

El estudio de las mujeres empresarias en México presenta serios retos. Se trata de un tema que ha sido poco estudiado en nuestro país, por lo cual prácticamente no encontramos estudios previos que pueden servir como punto de partida.**

En el ámbito de la investigación sobre las actividades empresariales en México, la revisión bibliográfica y hemerográfica que he realizado me permite afirmar que la ausencia de reflexión académica sobre la participación de la mujer es bastante drástica: no se trata solamente de la virtual inexistencia de estudios específicos sobre ellas, sino de un fenómeno más radical, ya que ni siquiera ha sido objeto de alguna mención secundaria o lateral en los numerosos estudios sobre empresarios y empresas en México.

En lo que se refiere a los estudios en torno de la participación femenina en la vida económica, hasta los años sesenta la ausencia de investigación sobre las empresarias en México tenía su explica-

* Profesora-investigadora de la Facultad de Ciencias Políticas y Sociales de la UNAM. La autora agradece la valiosa orientación de Mercedes Pedrero en el proceso de investigación y la entusiasta colaboración de las empresarias de AMMJE (Asociación Mexicana de Mujeres Jefas de Empresa), y en particular de Adriana Vila, al contestar los cuestionarios que hicieron posible este trabajo.
** La presente investigación se realizó de 1991 a 1993 y se terminó de escribir durante 1994. Las diversas apreciaciones y afirmaciones, así como las distintas fuentes bibliográficas y datos que se utilizan tienen presente ese contexto.

ción en un hecho más generalizado relacionado con la escasez de información sobre el trabajo femenino.

Esta situación se explicaba a su vez por la presencia reducida de las mujeres en las actividades extradomésticas (asalariadas o por cuenta propia) destinadas a la producción de bienes y servicios.[1] Este panorama cambia radicalmente en los años setenta y ochenta. Con la marcada expansión de la presencia femenina en los mercados de trabajo ganan importancia los estudios sobre el tema[2] que se apoyan en diversas estrategias de análisis. En la bús-

[1] Véase Brígida García y Orlandina de Oliveira, *Trabajo femenino y vida familiar en México*, México, El Colegio de México, 1994, p. 25. Entre los estudios pioneros sobre la participación económica femenina las autoras mencionan Teresa Rendón y Mercedes Pedrero, "Alternativas de la mujer en el mercado de trabajo en México", en *Mercados regionales de trabajo*, México, INET, 1976. A este periodo también se refiere Brígida García, "La participación de la población en la actividad económica", en *Demografía y Economía*, vol. IX, núm. 1, México, El Colegio de México, 1975, pp. 1-131; Mercedes Pedrero y Teresa Rendón, "El trabajo de la mujer en México en los setenta", en *Estudios sobre mujer 1. Empleo y la mujer. Bases teóricas, metodológicas y evidencia empírica*, México, Instituto Nacional de Estadística, Geografía e Informática/Secretaría de Programación y Presupuesto, 1982, y Liliana De Rix, "El problema de la condición femenina en América Latina: la participación de la mujer en los mercados de trabajo: el caso de México", en *La mujer y el trabajo en México*, Cuadernos Laborales, núm. 31, Secretaría del Trabajo y Previsión Social, 1986. Hay referencias también en Tienda, "Diferencias socioeconómicas regionales y tasa de participación de la fuerza de trabajo femenina: el caso de México", en *Revista Mexicana de Sociología*, año XXXVII, núm. 4, México, UNAM-Instituto de Investigaciones Sociales, 1975, pp. 911-929. Todos citados en B. García y O. de Oliveira, *op. cit.*, p. 25.

[2] En años recientes los trabajos sobre el tema se han multiplicado. Entre ellos se pueden mencionar los de José Alonso, "Mujer y trabajo en México", en *El obrero mexicano*, vol. 2, México, Siglo XXI/UNAM-Instituto de Investigaciones Sociales, 1984; María Edith Pacheco Gómez Muñoz, "Población económicamente activa femenina en algunas áreas urbanas de México en 1986", tesis de maestría en demografía, México, El Colegio de México-Centro de Estudios Demográficos y Desarrollo Urbano, 1988; Luisa Gabayet Ortega, "Antes éramos mayoría... Las mujeres en la industria textil de Guadalajara", en Gabayet Ortega, Luisa, Patricia García *et al.*, *Mujeres y sociedad, salarios, hogar y acción social en el occidente de México*, Guadalajara, El Colegio de Jalisco/CIESAS, 1988; Orlandina de Oliveira, "Empleo femenino en México en tiempos de la recesión económica: tendencias recientes", en Cooper, Jennifer, Teresita de Barbieri *et al.*, *Fuerza de trabajo femenina urbana en México*, México, Porrúa/UNAM-Coordinación de Humanidades, 1989; De Barbieri Cooper *et al.*, *Fuerza de trabajo femenina urbana en México*, vol. II, México, Porrúa/UNAM-Coordinación de Humanidades, 1989; Elia Ramírez e Hilda Dávila (comps.), *Trabajo femenino y crisis en México, tendencias y transformaciones actuales*, Mé-

queda de un mejor entendimiento sobre los factores que dificultan o facilitan la participación económica de la mujer, algunos trabajos comparan la población económicamente activa masculina y femenina en términos de ocupación y de ramas de actividad en que ambos se desempeñan. Otras investigaciones se centran en la población femenina y su papel creciente en los mercados de trabajo y señalan diferencias regionales y ocupacionales.[3]

Sin embargo, pese a lo que podríamos caracterizar como una creciente especialización de este tipo de estudios, para el problema que hoy nos ocupa es importante hacer notar que en términos generales éstos se han abocado al análisis de las mujeres obreras –y recientemente con énfasis en las maquiladoras–, de la mujer campesina, de la mujer en el sector informal, y de las trabajadores domésticas.[4] Los distintos programas y centros de investigación sobre la mujer que existen en México, sólo recientemente han introducido algunos puntos relacionados con la mujer empresaria y ejecutiva dentro de sus agendas.

La falta de atención hacia el estudio de este sector de la población femenina económicamente activa se explica a su vez por la escasa visibilidad de la mujer empresaria en el ámbito nacional, en especial en lo que concierne a los cargos de representación gremial en las organizaciones empresariales del país. Esta situación contrasta con lo que ocurre en otras esferas donde, aunque sea de forma minoritaria, las mujeres han logrado ocupar puestos públicos y de representación política y ejercer liderazgo como gobernadoras, diputadas, senadoras, secretarias y subsecretarias de Estado, etcétera.

xico, UNAM, 1990; Orlandina de Oliveira y Brígida García, "Expansión del trabajo femenino y transformación social en México: 1950-1987", en *México en el umbral del milenio*, México, El Colegio de México-Centro de Estudios Sociológicos, 1990, y Mercedes Pedrero, "Evolución de la participación económica femenina en los ochenta", en *Revista Mexicana de Sociología*, núm. 1, enero-marzo, México, UNAM-Instituto de Investigaciones Sociales, 1990. Consúltese B. García y O. de Oliveira *op. cit.*, p. 26.

[3] *Ibid.*, pp. 25-27.

[4] Para una revisión de los distintos estudios sobre la participación de la mujer en la actividad económica puede consultarse Beatriz Rodríguez y Carlos Welti, *La investigación en México sobre la participación de la mujer en la actividad económica en áreas urbanas y los efectos en su condición social* [sin lugar de edición ni editorial], 1993.

Así, si echamos un vistazo a las principales asociaciones del sector empresarial en nuestro país, nos damos cuenta de que los dirigentes siempre han sido hombres. En otros niveles de la jerarquía organizativa de las cámaras que integran las grandes confederaciones empresariales, la participación de la mujer es muy baja. En 1992, el único cargo ocupado por una mujer dentro de la Confederación de Cámaras de la Industria (Concamín) fue el de presidenta de una cámara tradicionalmente vinculada a actividades "femeninas": la del Embellecimiento Físico. En 1994, de los setenta y cinco presidentes de las cámaras que conforman esta confederación, sólo encontramos una mujer más como representante de la Cámara Nacional de la Industria Cinematográfica.

En lo que se refiere al sector comercial tenemos que de las 304 cámaras y federaciones de comercio, servicios y turismo que integran a la Concanaco, sólo once están presididas por mujeres, lo cual apenas constituye 3.6% (mientras que, como se verá más adelante, el total de empresariado femenino que en nuestro país se dedica al turismo, el comercio y los servicios alcanza 23 por ciento.

La falta de participación de la mujer en estas organizaciones no se da únicamente en los cargos de representatividad gremial que asume el presidente de la cámara, sino también en las altas funciones propiamente administrativas. En las direcciones generales de las cámaras de la Concamín sólo se encuentran tres mujeres (además de la de Embellecimiento Físico y la de la Industria Cinematográfica mencionadas, se encontró una mujer directora en la Cámara Nacional de la Industria de Lavanderías).

La escasa participación de las mujeres empresarias en las principales representaciones del sector privado se hizo evidente en la integración del grupo de asesores de la Coordinación Empresarial en las negociaciones del Tratado del Libre Comercio con Estados Unidos y Canadá: en el caso de México, entre los 182 representantes de los empresarios del país sólo hubo una mujer (dentro del subgrupo de aduanas).

Sin embargo, a pesar de estas cifras, la importancia de la mujer en la vida empresarial de México em pieza a manifestarse en diversos ámbitos. Hacia fines de los ochenta surgen y se consolidan diversas asociaciones y sincerelye organizan distintos foros que se proponen expresar y representar el interés específico de las mujeres empresarias. Como ejemplo de éstos se puede mencionar la realización de los dos primeros congresos nacionales que se llevaron a cabo en 1991 y 1992: el congreso entre empresarias de México, Canadá y Estados Unidos que se ha programado para 1994[5] y la fundación de organizaciones empresariales femeninas en varias ciudades de la República –entre ellas México, Guadalajara, Tampico, Culiacán, Veracruz y Oaxaca.

¿Hasta qué punto estas manifestaciones se relacionan con el peso real de las mujeres empresarias en la vida económica de México? ¿Qué importancia tiene la mujer como dueña y dirigente de su propia empresa? ¿En qué sectores y tipos de actividad se ha insertado? ¿Cuál es su distribución regional? ¿Hasta qué punto el papel de las mujeres empresarias en México es similar al de sus homólogas en otros países?

Para contestar estas preguntas, y en virtud de la ausencia de trabajos académicos que puedan servir como referencias bibliográficas sobre el papel de la mujer empresaria en México, el estudio que ahora se presenta se nutre de las siguientes fuentes:
• El diseño de una serie de cuestionarios y encuestas que se levantaron en 1991, 1992 y 1993 entre mujeres empresarias de la República Mexicana.[6]
• La interpretación de los datos del Censo General de Población y Vivienda de 1990.
• Datos obtenidos de los Censos Económicos del país y otros estudios estadísticos que dan cuenta de la situación de las empresas en México.
• Los estudios que sobre el tema se han desarrollado en otros países.

Con base en dicha información, este trabajo intenta elaborar un perfil de la mujer empresaria en México, tratando de entender

---

[5] La información específica sobre estos congresos y las formas de organización de las mujeres empresarias en México la he desarrollado ampliamente en Gina Zabludovsky, "Mujeres empresarias y participación política", en *Estudios Políticos*, núm. 1, octubre-diciembre, México, UNAM/Facultad de Ciencias Políticas y Sociales, 1993.

[6] Pese a no haber sido levantadas con rigor estadístico, las encuestas permitieron detectar tendencias importantes que luego fueron comparadas con los datos censales y otras fuentes estadísticas. La información básica sobre los cuestionarios aplicados se encuentra en el apéndice de este trabajo.

su situación particular a la luz de las semejanzas y diferencias con otros sectores de la población económicamente activa. Mediante una estrategia comparativa, se pretende entender las peculiaridades de las mujeres empresarias al contrastar los datos que sobre ellas se han obtenido con la de los siguientes universos:

1) la población femenina económicamente activa en México en general, en sus distintas ocupaciones y sectores de actividad; *2)* los datos sobre empresarios en México y en particular la comparación entre hombres y mujeres, y *3)* la situación de la mujer empresaria en otros países.

Estos tres puntos no constituyen un índice ni distintos apartados del trabajo sino el fundamento de la estrategia de investigación y datos que se han intercalado a lo largo del texto. El orden de la exposición ha obedecido más bien a un análisis de la importancia de la actividad empresarial femenina a la luz de: *a)* las tendencias de crecimiento y peso numérico, *b)* el tamaño de las empresas, *c)* el sector de actividad, *d)* su distribución regional, *e)* sus características sociodemográficas (edad, estado civil, número de hijos, etcétera), *f)* la vinculación entre empresa y familia, y *g)* los problemas a los que se enfrentan las mujeres empresarias.

TENDENCIAS DE LA PARTICIPACIÓN EMPRESARIAL FEMENINA

La presencia de la mujer en las actividades empresariales ha cobrado creciente importancia en el mundo. Estudios realizados en diversos países han mostrado que a partir de los últimos veinte años ha habido un aumento sin precedente en el número de mujeres empresarias.

En Estados Unidos la cifra de mujeres propietarias de empresas ha crecido aceleradamente. En sólo cinco años, de 1982 a 1987, su porcentaje aumentó en 57%.[7] Investigaciones realizadas por diversos autores muestran que las mujeres estadunidenses son

---

[7] Boletín de 1992 de National Foundation for Women Business Owners (NFWBO). Sin embargo, los propios boletines advierten que, aunque cada vez es más común que se abran empresas cuyas propietarias y dirigentes son mujeres, no se trata de un fenómeno totalmente nuevo, ya que 40% de las empresarias tienen una antigüedad superior a 12 años en su trabajo.

propietarias de 25% de las empresas. Sin embargo se prevé que este porcentaje crecerá rápidamente en virtud de que el número de aquellas que fundan su propia empresa es notablemente superior al de los hombres.[8]

Según apreciaciones de la OIT, en Canadá las mujeres establecen dos tercios de las nuevas empresas. En Finlandia 30% de los empresarios son mujeres, y en Suecia y Francia 25 y 21% respectivamente.[9] Respecto a los países en desarrollo es difícil obtener datos precisos, pero se ha estimado que en ellos es también creciente la importancia de la mujer empresaria.[10]

En lo que respecta a México, el análisis se dificulta debido a la incompatibilidad de los datos entre las distintas fuentes estadísticas del país y a la ausencia de trabajos académicos sobre el tema a la que previamente se ha hecho referencia. A pesar de estas dificultades, el presente trabajo hará un diagnóstico de la importancia de la mujer empresaria en México a partir del análisis de su presencia numérica en los distintos ámbitos.

PRESENCIA DE LAS EMPRESARIAS EN MÉXICO

Para los fines de esta investigación, se define como "empresaria" a aquella mujer que es propietaria y dirigente de su empresa y que además contrata por lo menos un trabajador asalariado dentro de la misma. Consecuentemente, esta definición no debiera incluir a las mujeres que ocupan cargos ejecutivos sin ser propietarias, a las que son accionistas de la empresa sin trabajar en ella, ni a aquellas que son trabajadoras por su cuenta o "autoempleadas".

Esta definición, de carácter operativo, deja a un lado –por lo menos en esta etapa de la investigación– aquellas concepciones

---

[8] Linda Neider, "A Preliminary Investigation of Female Entrepreneurs in Florida", en *Journal of Small Business Management*, julio de 1987; Organización Internacional del Trabajo (OIT), *El trabajo en el mundo 1992*, Suiza, Organización Internacional de Trabajo, 1992, y Harold Welsh y Earl Young, "Family Integration in Male and Female Owned Business in México", ponencia presentada en International Council for Small Business, Viena, 23 a 27 de junio, 1991, p. 1.

[9] OIT, *op. cit.*

[10] *Idem.*

teóricas de la sociología comprensiva que, a la manera schumpeteriana y weberiana, vinculan la concepción de "empresario" con ciertas actitudes y orientaciones de la acción. Por ahora no es interesante poner énfasis en las características de tipo subjetivo –la toma de riesgos, el sentido de creatividad, la innovación, etcétera– que según esta corriente distinguen al "entrepreneur".[11]

Otro punto importante que conviene aclarar es que –por las propias limitaciones de la investigación– por ahora sólo se ha tomado en cuenta a las empresas formalmente establecidas, dejando fuera a todas aquellas que entrarían en la "economía informal".

La definición aquí adoptada nos ha permitido realizar una serie de cuestionarios apoyándonos en las asociaciones empresariales femeninas que tienen una concepción de empresarias afín a la aquí expuesta y, además, basarnos en los datos del Censo relativos a los "empresarios" o "patrones". Así, en la medida en que se utilizan como sinónimos, el empresario-patrón tiene que ser empleador y consecuentemente no se deben incluir las actividades vinculadas con el "trabajador por su cuenta" o con el autoempleo.

Otra fuente importante para obtener indicadores de carácter nacional es la Encuesta Nacional de Empleo (1991) que registra la participación económica femenina en una forma más exacta que la del Censo. De hecho, la literatura especializada en la dinámica de los mercados de trabajo en México considera más precisos los datos proporcionados por estas encuestas, que han sido diseñadas especialmente para captar la ocupación de las personas.

A pesar de esta virtud, en la presente etapa de la investigación decidí apoyarme en el Censo, debido a que –como aseguran

---

[11] Véase Celso Garrido, *La evolución del actor empresarial mexicano en los ochenta*, proyecto de organizaciones empresariales, México, UNAM-Facultad de Ciencias Políticas y Sociales/Instituto de Investigaciones Sociales, 1992; Joseph Schumpeter, *Teoría del desenvolvimiento económico*, México, Fondo de Cultura Económica, 1974; Max Weber, *La ética protestante y el espíritu del capitalismo*, México, Premiá Editores, 1981, y Gina Zabludovsky, "Reflexiones en torno al estudio de los empresarios en México", en *Política y Gobierno*, vol. 1, núm. 1, enero-junio, México, 1994. En este sentido —aunque el estudio no se limita a la propiedad como único elemento— el punto de partida actual tendría más similitud con la concepción marxista del empresario-capitalista como "dueño de los medios de producción".

algunos estudios– la cifra de empleadores en la ENE está notoriamente sobrestimada. Muchos de los que fueron catalogados como empresarios –específicamente en el sector agropecuario– son de hecho trabajadores por su cuenta que sólo contratan personal asalariado de manera esporádica. Por estas razones, es posible que la cifra de empleadores de la ENE esté sobrestimada en alrededor de un millón de personas y la de los trabajadores por su cuenta subestimada de manera correspondiente.[12] Esta sobrestimación de los empleadores en la ENE repercute en una subestimación relativa de la presencia de las empleadoras, ya que la proporción de hombres y mujeres empresarios en la Encuesta Nacional de Empleo de 1991 es bastante inferior a la del Censo (8 y 16%, respectivamente).

Lo anterior no está en desacuerdo con los diversos estudios que tras comparar el Censo de 1990 con las encuestas de empleo afirman que, en el primero, hay una estimación baja del trabajo general y del trabajo femenino en particular. Efectivamente, las encuestas de ocupación permiten conocer mejor el universo de las trabajadoras no remuneradas y de las trabajadoras por su cuenta.[13]

Sin embargo, la presente investigación ha encontrado que esta estimación no parece extenderse a las "empleadoras", en especial en términos de la relación con los hombres que están en la misma posición en el trabajo. En la Encuesta Nacional de Empleo de 1991[14] no se advierten las ventajas de medición estadística que tiene el Censo. Para el caso específico de este sector de la población ocupada, que contrata personal asalariado y pertenece al rubro de la economía formal, la sobrestimación del número de hombres se traduce en porcentajes bajos de participación de las mujeres en relación con el total del empresariado nacional.

[12] Brígida García Guzmán, "La fuerza de trabajo en México a principios de los noventa: problemas de medición, principales características y tendencias futuras", documento del proyecto *Determinantes de la oferta de mano de obra en México*, México, El Colegio de México, 1994, pp. 39-40.
[13] *Ibid.*, p. 27.
[14] Se decidió utilizar la ENE de 1991 porque coincide con el año de aplicación de la mayoría de los cuestionarios que sirvieron como base para la presente investigación (INEGI, Encuesta Nacional de Empleo, 1991).

Aunado a estos factores, la Encuesta Nacional de Empleo no proporciona los datos necesarios sobre la distribución regional y estatal de los empresarios en el país que, como se verá más adelante, constituye un tópico importante de la presente investigación.[15]

Por estas razones, y a pesar de sus limitaciones, para el presente estudio se consideró que los datos proporcionados por el Censo General de Población y Vivienda de 1990 resultan más convenientes y puntuales.

Con base en éste puede afirmarse que las mujeres constituyen 16.3% del total de 535 008 empresarios que existen en la República Mexicana. Si se compara esta cifra con la de la participación de la población femenina económicamente activa del total de población ocupada del país, se observa que, aunque la participación de las mujeres continúa siendo claramente minoritaria, alcanza 23.6% en relación con el total de 23 403 413.[16] Es decir, la presencia femenina dentro del total del empresariado nacional es 7.3 puntos porcentuales inferior a la participación que la mujer tiene en México entre la población ocupada, lo cual muestra que en el sector empresarial hay una mayor segregación por sexo (cuadros 1 y 2).

Lo anterior se hace aún más evidente si el porcentaje de empresarias se compara únicamente con el de las empleadas y obreras, funciones donde las mujeres llegan a representar 31.8% de la población ocupada. Es decir, mientras que en el sector laboral, por cada dos obreros o empleados hombres hay una mujer, en el sector patronal la relación de mujeres y hombres es tan sólo de uno a cinco. Si se considera que las ocupaciones femeninas son aquellas en las que la participación de la mujer es superior a su participación global en el empleo, y las ocupaciones masculinas aquellas en las cuales su presencia es menor, podemos afirmar que en México existe una "feminización" del sector laboral y una "masculinización" del empresarial.

---

[15] En una segunda etapa del estudio se llevará a cabo un análisis comparativo de los datos del Censo y de la Encuesta Nacional de Empleo en lo relacionado con el rubro de "empleadores" hombres y mujeres según los diferentes grados de urbanización de distintas áreas del país.

[16] Estos porcentajes coinciden con los datos de la OIT, que muestran que en América Latina —en países como Costa Rica, Chile y Ecuador— las tasas de participación económica de la mujer son aproximadamente de 25% (OIT, *op. cit.*, p. 25).

CUADRO 1

Población ocupada por sexo según sector de actividad

Sector	Total	Hombres	%	Mujeres	%
Agricultura, ganadería	5 300 114	5 110 964	96.4	189 150	3.6
Minería	99 233	94 741	95.5	4 492	4.5
Extracción de petróleo y gas	171 262	138 231	85.7	23 031	14.3
Industria manufacturera	4 493 279	3 436 220	76.5	1 057 059	23.5
Electricidad y agua	154 469	135 518	87.7	18 951	12.3
Construcción	1 594 961	1 551 059	97.2	43 902	2.8
Comercio	3 108 128	2 117 371	68.1	990 757	31.9
Transporte y comunicaciones	1 045 392	948 994	90.8	96 398	9.2
Servicios financieros	360 417	224 365	62.3	136 052	37.7
Administración pública y defensa	928 358	678 050	73.0	250 308	27.0
Servicios comunales y sociales	2 017 585	84 114	41.6	1 177 471	58.4
Servicios profesionales y técnicos	431, 515	292 553	67.8	138 962	32.2
Servicios de restaurantes y hoteles	766 972	441 461	57.6	325 511	42.4
Servicios prof. y mantenimiento	2 137 836	1 373 411	64.	764 425	35.8
No especificado	803 872	499 090	62.1	304 782	37.9
Total	23 403 413	17 882 142	76.4	5 521 271	23.6

Fuente: elaboración propia con base en INEGI, Censo General de Población y Vivienda, 1990.

CUADRO 2

Población de empresarios por sexo según sector de actividad

Sector	Total	Hombres	%	Mujeres	%
Agricultura, ganadería	67 527	65 376	96.8	2 151	3.2
Minería	1 423	1 378	96.8	45	3.2
Extracción de petróleo y gas	1 044	976	93.5	68	6.5
Industria manufacturera	95 48	85 074	89.1	10 408	10.9
Electricidad y agua	1 217	1 153	94.7	64	5.3
Construcción	28 689	27 978	97.5	711	2.5
Comercio	148 479	112 995	76.1	35 484	23.9
Transporte y comunicaciones	21 731	20 074	92.4	1 657	7.6
Servicios financieros	9 815	8 287	84.4	1 528	15.6
Administración pública y defensa	7 743	6 711	86.7	1 032	13.3
Servicios comunales y sociales	26 299	16 082	61.0	10 267	39.0
Servicios profesionales y técnicos	26 405	22 626	85.7	3 779	14.3
Servicios de restaurantes y hoteles	27 956	18 552	66.4	9 404	33.6
Servicios prof. y mantenimiento	58 039	49 912	86.0	8 127	14.0
No especificado	13 159	10 580	80.4	2 579	19.6
Total	535 008	447 704	83.7	87 304	16.3

Fuente: elaboración propia con base en INEGI, Censo General de Población y Vivienda, 1990.

Sin embargo, como se verá a continuación, las proporciones entre hombres y mujeres en el mundo empresarial no se mantienen constantes sino que varían significativamente en función de las distintas esferas de actividad económica. El siguiente rubro da cuenta de esta situación.

GIROS EMPRESARIALES

Los resultados de los cuestionarios aplicados en 1991 demostraron que las empresas que son propiedad de mujeres están preferentemente ubicadas en los sectores comercial y de servicios. Casi 70% de las entrevistadas en esta ocasión desarrollaban actividades vinculadas con las áreas de comercio y servicios, y sólo 14.6% con actividades industriales.[17]

Los datos obtenidos de los cuestionarios de 1992 mostraron que, en lo referente al área de servicios, hay una gran participación femenina en las empresas de tipo educativo y comunitarias (40% de las propietarias de empresas de servicios estaban en esta área). Dentro de las actividades de comercio e industria, las empresas de las encuestadas se concentran preferentemente en la producción o venta de artículos alimentarios y de prendas de vestir. Estos datos sugieren que una parte importante de las empresarias se dedica a actividades propiamente "femeninas" como la educación, la comida y el vestido, que pueden ser incluso consideradas como una extensión de las actividades domésticas.[18]

---

[17] Estos datos fueron, a su vez, contrastados con los del Censo Nacional de Población para el Distrito Federal (entidad, junto con Jalisco, donde se habían entrevistado a más mujeres), lo cual mostró que la información de los cuestionarios de 1991 coincidía con los porcentajes de la distribución por sector de las empresarias en esta entidad. De las 15 350 empresarias registradas como tales en el DF, 42% se dedicaba a los servicios, 34.3% al comercio, 14.1% a la industria y 9.4% a actividades varias. Es interesante advertir que las cifras porcentuales de empresarias dedicadas a la industria en el DF, en el cuestionario de 1991, coinciden con los resultados de la muestra analizada (14% en ambos casos). Es decir, a pesar de que ésta no fue levantada con rigor estadístico, los esquemas de la muestra resultaron similares a los del Censo (G. Zabludovsky, *op. cit.*).

[18] *Idem.*

Esta tendencia fue confirmada en octubre de 1993 en el cuestionario aplicado entre mujeres pertenecientes a la Cámara de Comercio del DF. Entre las comerciantes entrevistadas en ese entonces, 43.5% se dedicaba a la compra-venta de ropa, "blancos y bordados" y el resto se dividía en distintas actividades.[19]

Con base en los datos del Censo Nacional de Población y Vivienda de 1990 para los Estados Unidos Mexicanos se afirma que las mujeres constituyen 23% del total del empresariado dedicado al comercio, los servicios y el turismo. En las áreas relacionadas con la industria manufacturera el porcentaje de mujeres sólo llega a representar 11%. En ciertas actividades empresariales consideradas "específicamente masculinas" como lo son, por ejemplo, la extracción de petróleo y gas y la industria de la construcción, el número de mujeres disminuye notoriamente, pues alcanza únicamente 6.5% del total en el primer caso y 2.5% en el segundo.

En el cuadro 2 se puede observar que los sectores donde las empresarias tienen mayor peso son los de servicios comunales y sociales (39%)[20] y los de restaurantes y hoteles (33.6 por ciento).

En este sentido, las mujeres empresarias en México no constituyen una excepción frente a las de otros países. Diversas investigaciones han mostrado que existe una tendencia a la concentración de empresas propiedad de mujeres en las áreas comerciales y de servicios.

Datos de Estados Unidos muestran que mientras sólo 25% de las empresas se dedica al comercio, el porcentaje entre las que son propiedad de mujeres alcanza 40%.[21] Estudios realizados en

[19] Con una respuesta por actividad, se registran empresarias con giros comerciales como los de diseño, ferretería, repuestos automáticos, partes automotrices y otros.

[20] *Servicios comunales y sociales* son los servicios educativos, de investigación y culturales, los servicios de salud, médicos, odontológicos y veterinarios y los de asistencia social proporcionados por los sectores público y privado. Incluye los servicios prestados por organismos internacionales, así como los nacionales y extraterritoriales (véase INEGI, 1990, glosario de términos censales).

[21] R. D. Hisrich y C. G. Brusch, "The Women Entrepreneur. Managements. Skills and Business Problems", en *Journal of Small Business Management*, 1984, pp. 30-37, y L. Neider, *op. cit.*

Gran Bretaña presentan una tendencia similar. En una investigación llevada a cabo entre 17 000 empresarias en 1987 se encontró que 46% de ellas estaba a cargo de actividades comerciales, y 12% trabajaba en servicios de belleza y salud.[22] Lo anterior también es válido en el caso de los países latinoamericanos, donde la presencia de mujeres en el comercio es por lo general superior a 20%.[23] Algunas investigaciones llevadas a cabo en Brasil dan cuenta de la propensión de la mayor parte de las mujeres empresarias y ejecutivas a insertarse en las áreas de comercio y servicios así como su escasa participación en los sectores industriales –especialmente en aquellos relacionados con la industria pesada, de la construcción y la metalúrgica.[24] En naciones como El Salvador, Perú y Bolivia, las mujeres tienen más posibilidades que los varones de desempeñarse en el comercio detallista. Lo que también es válido para algunos países del Sudeste Asiático como Indonesia y Tailandia.[25]

La poca presencia de las mujeres en las ramas industriales y su concentración en actividades tradicionales, en las áreas de comercio y servicios, se han atribuido tanto al tipo de relaciones interpersonales que requieren estas últimas –y en las que socialmente se piensa que las mujeres tienen mejor desempeño– como al relativamente menor monto de capital que estas empresas requieren para echarse a andar.[26]

[22] M. Marokjovic, *First European Survey of Women in Business*, Bruselas, EEC, 1987, y Sara Carter y Tom Cannon, *Women as Entrepreneurs*, Londres, Academic Press/Jovanovich Publishers, 1992.

[23] Richard Anker y Catherine Hein, *Desigualdades entre hombres y mujeres en los mercados de trabajo urbano del tercer mundo*, Ginebra, Oficina Internacional del Trabajo, 1987.

[24] Sonia De Avelar, "Latin American Women in Management, in Business and in Public Affairs, Inroads to Economic and Political Empowerment", ponencia presentada en International Congress of Latin American Studies Association, Los Ángeles, 24 a 27 de septiembre, 1992, p. 10.

[25] R. Anker y C. Hein, *op. cit.*, pp. 22-23.

[26] Véase boletín de 1992 de NFWBO, y Eric Pellegrino y Barry Reece, "Perceived Formative and Operational Problems Encountered by Female Entrepreneurs in Retail and Service Firms", en *Journal of Small Business Management*, abril de 1982.

Asimismo, es interesante hacer notar que esta situación de las empresarias no es excepcional comparada con la de otras mujeres que trabajan, sino que más bien es parte de una tendencia general que responde a la segregación de ocupaciones en función del género. Diversos estudios han mostrado que independientemente del índice general de participación femenina, las mujeres tienden a concentrarse en un número reducido de ocupaciones. Las labores consideradas "propiamente femeninas" son aquellas que se conciben como prolongación de los papeles domésticos: educación, aseo, servicios, etcétera.[27]

Investigaciones realizadas en diversos países en desarrollo han encontrado que la participación de la mujer alcanza porcentajes notoriamente más elevados entre las personas que trabajan en bazares y servicios, que entre las que se desempeñan en ocupaciones "modernas".[28]

Además del área de actividad, otro factor fundamental para entender el perfil de la mujer empresaria en nuestro país es el que se relaciona con el tamaño de la empresa.

LA IMPORTANCIA DE LA PEQUEÑA EMPRESA

En los cuestionarios aplicados en 1991 se confirmó que 44.7% de las encuestadas contestó que su empresa emplea entre seis y 25 trabajadores, y 20.5% que emplea menos de cinco trabajadores. Es decir, 65.2% de las empresas tenía menos de 25 trabajadores, por lo que puede afirmarse que la mayoría de las empresarias eran propietarias de empresas pequeñas. Sólo 10.6% de las empresas ocupaba entre 51 y 100 empleados y 14.4% tenía más de cien.

Los datos del cuestionario Nafinsa-AME obtenidos a fines de 1993 ratifican la tendencia que existe entre las mujeres para concentrarse en las micro y pequeñas empresas. De hecho 75% de ellas eran microempresarias para quienes laboraban entre uno y cinco trabajadores; 23% contestó que en su empresa trabajan de

[27] R. Anker y C. Hein, *op. cit.*, p. 6.
[28] Ester Boserup, *Woman's Role in Economic Development*, Nueva York, St. Martin Press, 1970, citado en R. Anker y C. Hein, *op. Cit.*

seis a 15 empleados. Es decir, 98% de las empresarias encuestadas en esta ocasión empleaban a 15 o menos trabajadores.[29] En el cuestionario levantado entre las comerciantes de la Camco (Cámara de Comercio) en octubre del mismo año, también destaca su participación dentro de las micros y pequeñas empresas: 60.8% de las encuestadas empleaba de uno a cinco trabajadores, 21.7% de seis a 25, y sólo dos señalaron que en su empresa trabajaban entre 25 y 100 empleados.[30] El tamaño de la empresa también se evidencia en el número de sucursales comerciales: de las empresas de las mujeres encuestadas 65.2% contaba únicamente con una sucursal, y 30.4% tenía de dos a cinco sucursales.

En realidad los datos no sorprenden demasiado ya que se trata de una repartición común a la media nacional: la mayoría de los empresarios en México –tanto hombres como mujeres– es propietario de pequeñas empresas. Al respecto conviene tener presente que 90% de los establecimientos industriales del país es de microempresarios y pequeños empresarios.[31]

Sin embargo, también es cierto que la propiedad y liderazgo de grandes empresas todavía se vincula con una dirección estrictamente masculina. Esto se hace evidente al advertir la ausencia de mujeres dentro del listado de los cien empresarios más prominentes de México.[32]

---

[29] En realidad se puede decir que de todas las empresarias encuestadas, algunas empleaban quince o menos trabajadores, ya que 2% no contestó. Sin embargo, por las propias características de Nafinsa, como institución financiera de la pequeña y mediana empresa, estos datos deben ubicarse en su debido contexto.

[30] Como ya se expuso, esto puede explicarse por la importancia de la microempresa dentro de los establecimientos comerciales de nuestro país.

[31] INEGI, 1989. Para los fines de esta investigación y ante la imposibilidad de contar con datos precisos sobre el monto de las ventas anuales de las empresas, la definición del tamaño se hace en función del número de empleados. Se considera como microempresa a aquella empresa que tiene de uno a 15 empleados; como pequeña a la que contrata de 16 a 100; mediana la de 101 a 250 empleados, y grande la compañía que contrata más de 250 empleados. Esta definición coincide con la adoptada por las fuentes estadísticas del país (Véase Nacional Financiera/INEGI, "la micro, pequeña y mediana empresa: principales características", en *Biblioteca de la micro, pequeña y mediana empresa*, núm. 7, México, 1993.

[32] Ricardo Medina Macías, "Los empresarios más prominentes de México", en *Expansión*, núm. 542, México, julio de 1990. En este listado se encontró sólo a una

La tendencia femenina a concentrarse en la microempresa se hace evidente en la relación entre hombres y mujeres que se da entre los propietarios de las mismas. Mientras que, como se dijo, en el ámbito empresarial la proporción de hombres y mujeres es de cinco a uno, en la microempresa esta relación se reduce a dos. Es decir, la importancia de la participación de la mujer como microempresaria llega a ser similar a la de la empleada o la obrera. Como lo muestra la gráfica 1, los porcentajes de participación de las empresarias son inversamente proporcionales al tamaño de las empresas.

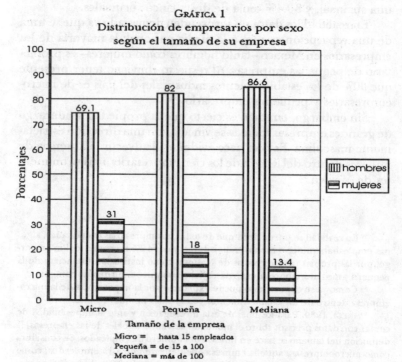

GRÁFICA 1
Distribución de empresarios por sexo
según el tamaño de su empresa

Tamaño de la empresa
Micro =   hasta 15 empleados
Pequeña = de 15 a 100
Mediana = más de 100

Fuente: elaboración propia con base en INEGI, 1995, Biblioteca de la micro, pequeña y mediana empresa, núm. 2.

mujer, perteneciente al grupo Visa; sin embargo se cree que se trata de una empresa familiar que se ha puesto a nombre de ella como parte de una estrategia fiscal y no porque ella sea quien realmente la dirige.

Esta tendencia de las empresarias en México es similar a la que ocurre con sus contrapartes en Estados Unidos, donde también se advierte que un porcentaje cercano a 30% de las empresas pequeñas es propiedad de mujeres.[33] Algunos estudios llevados a cabo en éste y otros países han explicado la presencia de mujeres en la dirección y propiedad de pequeñas empresas en función del atractivo que éstas representan para los grupos que se han visto fuertemente limitados a otras fuentes de empleo. En tal sentido se ha comparado la actitud de las mujeres con la de los "nuevos inmigrantes": las mujeres optan por fundar una pequeña empresa como una forma de eludir las limitaciones con las que se encuentran para ingresar y permanecer dentro de la fuerza de trabajo.[34]

Asimismo, cabe señalar que varias investigaciones han demostrado que la dueña de una pequeña empresa tiende a conservar el tamaño de la misma, con una mayor estabilidad y modelos de crecimiento menos acelerados que los de las empresas que son propiedad de hombres.[35] En parte esto podría ser un factor de explicación al hecho de que 76.9% de las microempresarias encuestadas por Nafinsa en 1993, se hayan mostrado satisfechas con los logros alcanzados por su empresa.

En términos generales, las empresas propiedad de mujeres son más pequeñas que las de los hombres que se encuentran en el mismo giro, lo que tiene parte de su explicación en la dificultad que ellas tienen para obtener financiamiento.[36] Al respecto valdría

[33] Boletín de 1992 de NFWBO.
[34] Véase Karyn Loscoco et al., "Gender and Small Business Success: an Inquiry into Women's Relative Disadvantage", en Social Forces, The University of North Carolina Press, septiembre de 1991.
[35] Boletín de 1992 de NFWBO. Sólo 4.5% de las empresas propiedad de mujeres en Estados Unidos mostró un alto ritmo de crecimiento (NFWBO).
[36] Véase Arne Kalleberg y Kejin Leichtn, "Small Business Success and Survival: Individual and Structural Determinants of Organizational Performance", en Academy of Management, 1991, y K. Loscoco et al., op. cit. En este sentido hemos dicho ya que las instituciones financieras prefieren tratar con hombres que con mujeres. A las dificultades que las pequeñas empresas enfrentan para obtener financiamiento debe agregarse una acentuada actitud de desconfianza cuando se trata de una empresaria mujer (K. Loscoco et al., op. cit.).

la pena analizar hasta qué punto esto se explica por una situación común a la de otras mujeres que trabajan y que tiene que ver con los diferenciales por sexo en relación con el ingreso, que aún se presentan en varias ocupaciones y hacen que, en promedio, la mujer gane menos que el hombre.[37]

Junto con las características de tamaño y ritmo de crecimiento, las empresas estadunidenses cuyas propietarias son mujeres tienden a concentrarse en la producción y mercado "doméstico" más que en la expansión hacia una economía global.

Estos factores pueden explicarse parcialmente por la ausencia de recursos financieros. Como sucede frecuentemente en el mundo, en términos generales las mujeres optan por financiar su compañía valiéndose de propios recursos, de los apoyos económicos de familiares y amigos o de la reinversión de sus propias ganancias.

En los cuestionarios que se levantaron en México, varias empresarias denunciaron que la "desconfianza de la comunidad financiera" ha sido uno de los obstáculos más importantes con los que se han enfrentado como mujeres. Quizá esto explique por qué la obtención de crédito accesible para las pequeñas empresas dirigidas por mujeres ha llegado incluso a convertirse en uno de los motivos fundamentales del surgimiento y consolidación de algunas organizaciones empresariales femeninas en México. La Asociación de Empresarias Mexicanas en Veracruz nace en coordinación con el Banco de la Mujer para apoyar a las pequeñas empresarias, y la Asociación de Mujeres Jefas de Empresa del Distrito Federal durante 1993 canaliza gran parte de sus recursos y esfuerzos a la obtención de una línea de crédito que finalmente le otorga Nafinsa.

Además de las posibilidades de obtener crédito, existen otras desigualdades que se explican por la situación de género y que se relacionan con el entrenamiento, el desarrollo y la asistencia técnica.[38] Las mujeres suelen tener mayor dificultad para empezar un negocio debido a los problemas que deben subsanar para obtener

[37] R. Anker y C. Hein, *op. cit.*, p. 319.
[38] H. Welsh y E. Young, *op. cit.*

entrenamiento y capacitación en áreas como mercadotecnia y finanzas, a menudo consideradas como "territorio de hombres".[39] A estas cuestiones relacionadas con la ausencia de medios de financiamiento y asistencia técnica deben agregarse también otras limitantes sociales que impiden que la mujer dedique más tiempo a la empresa. Frecuentemente, debido a los diversos "roles" que la empresaria tiene que desempeñar, ella misma opta por mantenerse dentro de empresas pequeñas que, por su tamaño, no puedan transformarse en un "riesgo" para las responsabilidades familiares y el desarrollo de otras esferas de su vida personal.

Al respecto sería importante evaluar hasta qué punto las mujeres conservan su empresa pequeña debido a la imposibilidad de obtener capital que les permita expandirse y a la incompatibilidad que sienten entre el crecimiento y diversificación de su empresa y el deseo de lograr un balance entre sus actividades de trabajo y las familiares. A estos rasgos sobre el tamaño y sector de la empresa que –como hemos mostrado– son compartidos por las empresarias mexicanas con sus homólogas de otras partes del mundo, se suman algunas características específicas de la población de mujeres empresarias en las esferas nacional y local. De allí la importancia de estudiar las tendencias de la población empresarial femenina en los distintos estados de la República.

PRESENCIA REGIONAL DE LAS EMPRESARIAS EN MÉXICO

De acuerdo con el Censo de Población y Vivienda de 1990, la entidad federativa con un mayor número de empresarias es el Distrito Federal, donde se localiza 17.6% de las 87 304 que se registraron como tales en la República Mexicana. Después de esta entidad, y con porcentajes notoriamente inferiores, tenemos al Estado de México, seguido por Jalisco y Veracruz (cuadro 3 y gráfica 2). La suma de las empresarias en estos estados representa

---

[39] Véase U.S. Department of Commerce, *The Bottom Line: Unequal Enterprise in America*, reporte de President's Interagency Task Force on Women Business Owners, Washington, D.C., Government Printing Office, 1978; E. Pellegrino y B. Reece, *op. cit.*, p. 15, y L. Neider, *op. cit.*, p. 23.

42.1% del total de las mujeres dedicadas a estas actividades en la República Mexicana.

CUADRO 3
Distribución relativa de los empresarios por género
según entidad federativa, 1990

Estado	Total	Hombres	%	Mujeres	%
Guerrero	9 514	7 375	77.5	2 139	22.5
Morelos	8 529	6 828	80.1	1 701	19.9
Quintana Roo	4 582	3 681	80.3	901	19.7
Distrito Federal	83 537	68 186	81.6	15 351	18.4
Querétaro	6 267	5 119	81.7	1 148	18.3
Oaxaca	8 958	7 329	81.8	1 629	18.2
Colima	3 526	2 892	82.0	634	18.0
Hidalgo	6 543	5 388	82.3	1 155	17.7
San Luis Potosí	9 681	8 025	82.9	1 656	17.1
Tlaxcala	2 195	1 821	83.0	374	17.0
Baja California	22 480	18 678	83.1	3 802	16.9
Puebla	18 984	15 807	83.3	3 177	16.7
Tamaulipas	17 734	14 783	83.4	2 951	16.6
Veracruz	37 196	31 023	83.4	6 173	16.6
México	53 428	44 844	83.9	8 584	16.1
Yucatán	9 106	7 675	84.3	1 431	15.7
Sinaloa	15 589	13 144	84.3	2 445	15.7
Durango	6 788	5 740	84.6	1 048	15.4
Tabasco	8 668	7 336	84.6	1 332	15.4
Guanajuato	23 000	19 483	84.7	3 517	15.3
Jalisco	43 914	37 203	84.7	6 711	15.3
Baja California Sur	3 673	3 120	84.9	553	15.1
Michoacán	19 245	16 350	85.0	2 895	15.0
Nayarit	6 235	5 298	85.0	937	15.0
Coahuila	15 623	13 295	85.1	2 328	14.9
Chiapas	11 806	10 060	85.2	1 746	14.8
Chihuahua	21 295	18 177	85.4	3 118	14.6
Campeche	3 325	2 840	85.4	485	14.6
Sonora	17 049	14 625	85.8	2 424	14.2
Aguascalientes	5 698	4 898	86.0	800	14.0
Zacatecas	5 618	4 832	86.0	786	14.0
Nuevo León	25 222	21 849	86.6	3 373	13.4
Total	535 008	448 704	83.7	87 304	17.3

Fuente: elaboración propia con base en INEGI, Censo General de Población y Vivienda, 1990.

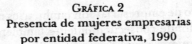

GRÁFICA 2
Presencia de mujeres empresarias
por entidad federativa, 1990

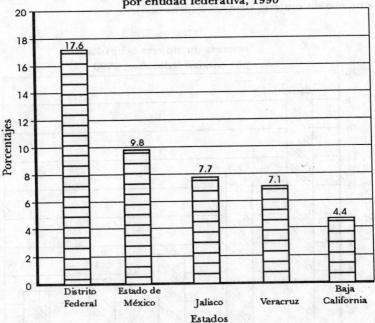

Fuente: elaboración propia con base en INEGI, 1990, Censo General de Población y Vivienda.

Esta información estadística coincide con la importancia de las mujeres empresarias en el ámbito estatal, que en nuestra investigación hemos descubierto valiéndonos de otros datos, en particular los relacionados con la existencia de organizaciones empresariales femeninas. Es precisamente en estos estados donde durante los últimos años han surgido o se han consolidado las asociaciones en que se apoyó el estudio para el levantamiento de la encuesta.[40]

Hasta cierto punto, esta distribución de las empresarias mexicanas no presenta rasgos de excepcionalidad frente a otros sectores de la población. Los cuatro estados en que se encontró un

[40] Véase apéndice, y G. Zabludovsky, *op. cit.*

mayor número de empresarias son también los más poblados de la República y donde consecuentemente también existe un mayor número de mujeres ocupadas (gráfica 3).

GRÁFICA 3
Presencia de mujeres ocupadas
por entidad federativa, 1990

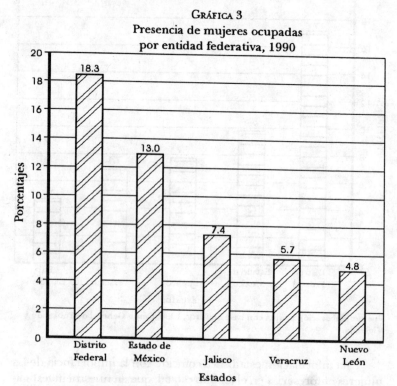

Fuente: elaboración propia con base en INEGI, 1990, Censo General de Población y Vivienda

Sin embargo, para esta investigación resulta especialmente significativo que un estado altamente industrializado como Nuevo León –que tiene el quinto lugar en cuanto a la población femenina ocupada–, no alcance a entrar en los primeros cinco lugares en el número de mujeres empresarias del país.[41]

---

[41] Nuevo León ocupa el séptimo lugar por el número de mujeres empresarias en el país.

La baja participación empresarial femenina en Nuevo León es también manifiesta si la sopesamos en relación con la distribución regional de los empresarios del sexo masculino. Al comparar las cifras de mujeres empresarias con las de los hombres se tiene que en ambos casos los porcentajes más altos se encuentran en el Distrito Federal, el Estado de México, y Jalisco y Veracruz. La diferencia se presenta nuevamente en el caso de Nuevo León, que representa el quinto lugar dentro del número de empresarios hombres del país, mientras que la participación numérica de las empresarias cobra mayor importancia en estados como Baja California y Guanajuato.[42] Estos datos sugieren una relación entre la importancia de los distintos sectores productivos por estado y la presencia de mujeres en el ámbito empresarial. Las respuestas obtenidas en los cuestionarios indican que la alta participación empresarial femenina en Guanajuato y Jalisco puede explicarse en parte por la importancia sectorial de algunos giros –como la producción y comercialización de la industria del calzado– donde se ha descubierto un alto índice de mujeres dentro de las empresas familiares establecidas.

La poca presencia del empresariado femenino en el estado de Nuevo León se hace aún más evidente si se toma en cuenta la proporción de mujeres en relación con el total del empresariado de Nuevo León; con 13.4% es el estado de la República con el menor porcentaje de mujeres dentro del total de su empresariado (gráfica 3).

Desde nuestro punto de vista, esta situación se explica porque Nuevo León es un estado industrializado donde los patrones en el sector manufacturero constituyen 22.9% del total de su empresariado (cuadro 4). Este porcentaje supera en cinco puntos al nacional, donde, según se ha observado, los empresarios (hombres y mujeres) del sector manufacturero sólo alcanzan 17.8% del total. Como contrapartida, el porcentaje de empresarios en sectores que tienden a una alta presencia femenina –como el de "restaurantes y hoteles"– es inferior al nacional.[43]

---

[42] Esto significa que la mitad de las empresarias del país (50.53%) se localizan en el Distrito Federal, el Estado de México, Jalisco, Veracruz, Baja California y Guanajuato.

[43] El porcentaje de empresarios de Nuevo León dedicado a estos sectores es de 4.3%, mientras que el nacional alcanza 5.2 por ciento.

CUADRO 4
Empresarios por sector de actividad
en el estado de Nuevo León

Sector	Patrón/empresa	%
Agricultura, ganadería, silvicultura, pesca	1 310	5.1
Minería	53	0.2
Extracción de petróleo y gas	17	0.06
Industria manufacturera	5 786	22.9
Electricidad y agua	52	0.2
Construcción	1 691	6.7
Comercio	7 065	28
Transporte y comunicaciones	1 123	4.4
Servicios financieros	546	2.1
Administración pública y defensa	208	0.8
Servicios comunales y sociales	1 089	4.3
Servicios profesionales y técnicos	1 539	6.1
Servicios de restaurantes y hoteles	1 077	4.2
Servicios profesionales y mantenimiento	2 977	11.8
No especificado	689	2.7
Total	25 222	100

Fuente: elaboración propia con base en INEGI, Censo general de Población y Vivienda, 1990.

Sin embargo, a pesar de la importancia que tiene la distribución regional de los distintos sectores productivos como explicación de la escasa participación empresarial femenina, ésta no es la única causa de la baja proporción de mujeres empresarias en Nuevo León. Si sólo se tomara en cuenta este factor no se podría esclarecer por qué aun en los sectores que en términos generales tienen una alta presencia femenina como los restaurantes y hoteles, las mujeres de Nuevo León sólo alcanzan 19.7% del total del empresariado en esta rama –cifra inferior en 14 puntos al peso de la mujer en este sector en el ámbito nacional (cuadro 5).[44]

De hecho, si se comparan los porcentajes de hombres y mujeres empresarios por distintas ramas de actividad en Nuevo León

[44] La proporción nacional de mujeres en esta rama alcanza 33.6% del número total de empresarios.

CUADRO 5

Distribución relativa de los empresarios por género según sector de actividad, Nuevo León

Sector	Total	Hombres	%	Mujeres	%
Agricultura, ganadería	1 310	1 286	98.2	24	1.8
Minería	53	51	96.2	2	3.8
Extracción de petróleo y gas	17	17	100.0	0	0.0
Industria manufacturera	5 786	5 224	90.3	562	9.7
Electricidad y agua	52	48	92.3	4	7.7
Construcción	1 691	1 654	97.8	37	2.2
Comercio	7 065	5 823	82.4	1 242	17.6
Transporte y comunicaciones	1 123	1 045	93.1	78	6.9
Servicios financieros	546	478	87.5	68	12.5
Administración pública y defensa	208	186	89.4	22	10.6
Servicios comunales y sociales	1 089	637	58.5	452	41.5
Servicios profesionales y técnicos	1 539	1 352	87.8	187	12.2
Servicios de restaurantes y hoteles	1 077	865	80.3	212	19.7
Servicios prof. y mantenimiento	2 977	2 601	87.4	376	12.6
No especificado	689	582	84.5	107	15.5
Total	25 222	21 489	86.6	3 373	13.4

Fuente: elaboración propia con base en INEGI, Censo General de Población y Vivienda, 1990.

con los porcentajes nacionales, se advierte que todos son menores,[45] lo cual muestra que la baja participación de la mujer en ese estado también se debe a factores relacionados con el tamaño de las empresas y a las peculiaridades con las cuales opera el "mundo de los negocios" en esa entidad. Se sabe que entre los propietarios de las grandes compañías e integrantes de los grupos empresariales familiares establecidos predominan ciertos modelos convencionales de conducta, en los cuales no sólo se rechaza la participación de la mujer como empresaria sino que incluso los hombres suelen estar sujetos a ciertas "exigencias" sociales, como, por ejemplo, la de no ser divorciado, tener un comportamiento adecuado, etcétera. La conformación sectorial del empresariado de Nuevo León y los elementos distintivos de su "cultura empresarial" explican la inexistencia de organizaciones patronales femeninas. De allí que los intentos por crear una sección de la Asociación Mexicana de Mujeres Jefas de Empresas en la entidad reiteradamente hayan fracasado.[46]

En contraste con Nuevo León, Guerrero es el estado de la República con el más alto porcentaje de mujeres en relación con el total de su empresariado (las mujeres empresarias llegan a representar 22.6%)[47] (véase gráfica 4).

Esta información ratifica la vinculación entre la presencia de las mujeres en la vida empresarial y el peso de los distintos sectores productivos. La participación de la mujer empresaria se explica por éste y otros factores relacionados con las características del "mundo empresarial" regional y no por otro tipo de elementos que

[45] La única excepción es la de los servicios comunales y sociales, donde el porcentaje de empresarias en Nuevo León es ligeramente superior al nacional (41.5 y 39%, respectivamente).

[46] Según entrevista con la subdirectora de AMMJE hecha en 1993. Hasta 1990 AMMJE tenía representaciones en el Distrito Federal y Jalisco. A partir de 1991 se crean nuevas secciones en Culiacán, Tampico y Manzanillo. Una información más detallada sobre el tema se desarrolla en el artículo "Mujeres empresarias y participación política" (G. Zabludovsky, op. cit.).

[47] Lo anterior desde luego no quiere decir que en Guerrero haya más empresarias que en Nuevo León; se trata de dos medidas diferentes. En términos absolutos en Nuevo León hay más empresarias que en Guerrero (3 373, y 2 139 respectivamente). Sin embargo, en relación con el total de empresarios de estos dos estados, la participación de la mujer es más significativa en Guerrero.

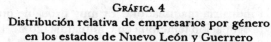

GRÁFICA 4
Distribución relativa de empresarios por género
en los estados de Nuevo León y Guerrero

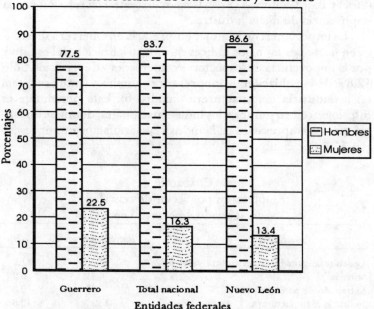

Fuente: elaboración propia con base en INEGI, 1990, Censo General de Población y
Vivienda.

pudiesen responder a una mayor o menor tasa de participación
económica femenina por regiones. Los estados con mayor peso de
las mujeres en relación con el empresariado no son aquellos en los
cuales se da un porcentaje más alto de la participación femenina
en relación con el total de la población económicamente activa del
estado. Mientras en Guerrero esta última sólo representa 20.7%, en
Nuevo León alcanza 26.1 por ciento.[48]
    De hecho, los datos sugieren que contrariamente a lo que ocu-
rre en el ámbito empresarial, el mayor porcentaje de participación
femenina se presenta en los estados con mayor número de establecimientos industriales, específicamente en aquellos donde se con-

----

[48] El estado con mayor porcentaje de participación femenina es el Distrito Federal, donde ésta alcanza 34.3% del total.

centra la industria maquiladora. Es muy probable que los altos índices de ocupación femenina en Chihuahua (26%), Tamaulipas (26%) y Baja California (27%) tengan una estrecha relación con la importancia de dicha industria.[49]

La importancia de la mujer empresaria en Guerrero se explica en parte por los bajos índices de industrialización del estado y por la importancia de los sectores comerciales y de servicios. Sólo 12.8% de la población de empresarios (hombres y mujeres) está en la industria manufacturera (cuadro 6). Este porcentaje es inferior en cinco puntos a los índices nacionales, donde se encontró que los empresarios en la industria manufacturera representan 17.8 por ciento.

CUADRO 6

Empresarios por sector de actividad
en el estado de Nuevo León

Sector	Patrón/empresa	%
Agricultura, ganadería, silvicultura y pesca	1 065	11.2
Minería	19	0.2
Extracción de petróleo y gas	3	0.0
Industria manufacturera	1 217	12.8
Electricidad y agua	22	0.2
Construcción	524	5.5
Comercio	2 700	28.4
Transporte y comunicaciones	461	4.8
Servicios financieros	125	1.3
Administración pública y defensa	208	2.2
Servicios comunales y sociales	521	5.5
Servicios profesionales y técnicos	326	3.4
Servicios de restaurantes y hoteles	986	10.4
Servicios profesionales y de mantenimiento	1 073	11.3
No especificado	264	2.8
Total	9 514	100.0

Fuente: elaboración propia con base en INEGI, Censo General de Población y Vivienda, 1990.

[49] Los estados con menor índice de ocupación femenina son los más atrasados, como Chiapas donde la mujer sólo representa 13.7% de la población ocupada.

A diferencia de Nuevo León, el estado de Guerrero destaca por las actividades empresariales en restaurantes y hoteles. El porcentaje de empresarios (hombres y mujeres) en estas actividades es cinco puntos superior al que se da en el país.[50] Las empresarias relacionadas con este sector (restaurantes, hoteles y comercio) representan 40% del empresariado de ese sector del estado (cuadro 7), cifra superior a 33.6% de las mujeres en este sector dentro del empresariado nacional. En el comercio, las mujeres empresarias alcanzan 36% del total del empresariado de Guerrero, es decir, 13 puntos porcentuales arriba de lo que representa la mujer en este sector en el ámbito nacional (como lo hemos señalado, las mujeres constituyen 23.9% del total de los empresarios en el sector comercio).[51]

Es posible que este diferencial se relacione con la importancia de la mujer en la industria turística de Acapulco. Esto a su vez explicaría el hecho de que, según datos proporcionados por la Confederación Patronal de la República Mexicana (Coparmex), en 1993 la única mujer que ocupaba el cargo de presidenta en una cámara patronal estaba precisamente en este puerto. Sin embargo, la alta proporción de mujeres empresarias en Guerrero tampoco tiene como única explicación la importancia sectorial de las distintas actividades empresariales dentro del estado. Como en el caso de Nuevo León, habría que tomar en cuenta otro tipo de factores que se relacionan con el tamaño de las empresas y con elementos propios de una "cultura empresarial regional" que, por ahora, no podemos abordar pero seguramente serían útiles para explicar por qué la proporción de mujeres empresarias alcanza porcentajes más elevados, no sólo en los sectores tradicionales de comercio y servicios sino incluso en la industria manufacturera.[52]

---

[50] Mientras en el estado de Guerrero este sector representa 10.36% del total del empresariado, el porcentaje nacional sólo llega a 5.2.

[51] Sin embargo en otras áreas como las de servicios comunales y sociales, las mujeres empresarias de Guerrero están por abajo del promedio nacional. Sólo constituyen 35.7% del total del empresariado guerrerense dedicado a estas actividades, mientras que alcanzan 39% del total nacional.

[52] En Guerrero el índice de participación femenina en este sector también supera al nacional. Mientras en el estado tenemos un porcentaje de 14.2%, en el ámbito nacional las mujeres empresarias en la industria manufacturera sólo constituyen 10.9 por ciento.

CUADRO 7

Distribución relativa de los empresarios según sector de actividad, Guerrero

Sector	Total	Hombres	%	Mujeres	%
Agricultura, ganadería	1 065	1 030	96.7	35	3.3
Minería	19	17	89.5	2	10.5
Extracción de petróleo y gas	3	3	100.0	0	0.0
Industria manufacturera	1 217	1 044	85.8	173	14.2
Electricidad y agua	22	21	95.5	1	4.5
Construcción	524	510	97.3	14	2.7
Comercio	2 700	1 726	63.9	974	36.1
Transporte y comunicaciones	461	427	92.6	34	7.4
Servicios financieros	125	99	79.2	26	20.8
Administración pública y defensa	208	183	88.0	25	12.0
Servicios comunales y sociales	521	335	64.3	186	35.7
Servicios profesionales y técnicos	326	298	91.4	28	8.6
Servicios de restaurantes y hoteles	986	582	59.0	404	41.0
Servicios prof. y mantenimiento	1 073	897	83.6	176	16.4
No especificado	264	203	76.9	61	23.1
Total	9 514	7 375	77.5	2 139	22.5

Fuente: elaboración propia con base en INEGI, Censo General de Población y Vivienda, 1990.

En otros lugares, que han sido relevantes para este estudio desde el punto de vista de la participación en organizaciones empresariales y de mujeres, no encontré diferencias significativas entre la proporción de mujeres dentro del empresariado de cada estado. En términos generales, el peso de la mujer se aproxima a 16.3% que –como se expuso– representa la población de mujeres sobre el total de empresarios en la nación. (En el Distrito Federal las empresarias constituyen 18.5%, mientras en Jalisco 15.3%, y en Veracruz 16.6 por ciento.)

Una vez hechas estas consideraciones en relación con el sector y tamaño de la empresa, así como con su distribución regional, analicé otras características de carácter sociodemográfico –como edad, escolaridad, estado civil, etcétera–, que permiten establecer puentes entre la vida familiar y la actividad empresarial y aproximarse con mayor riqueza y amplitud al perfil de la mujer empresaria en México.

EDAD Y ESCOLARIDAD

La mayoría de las mujeres que contestaron el cuestionario de 1991 tenía entre 25 y 60 años de edad. Únicamente 3.6% contaba con menos de 25 años y 3.6% con más de sesenta, 45% tenía entre 25 y 40 años de edad y 46% entre 41 y 60, lo que sugiere que no hay diferencias generacionales entre las mujeres empresarias sino que su distribución está acorde con la edad productiva a partir de los 25 años. Estos datos se corroboraron en 1993 mediante las encuestas levantadas por medio de Nafinsa y Camco. De hecho, en el caso de las entrevistadas por Nafinsa se observó que en 85% de los casos su edad era superior a treinta años.

Los porcentajes contrastan de manera significativa con los de la población femenina económicamente activa en el país. Si tomamos por ejemplo los datos del Censo Nacional de Población y Vivienda para el Distrito Federal –entidad donde, junto con Jalisco, tuvimos un mayor número de empresarias entrevistadas en 1991– encontramos que el porcentaje de trabajadoras menores de

25 años asciende a 28.6%[53] y la participación de las que tienen entre 40 y 59 años sólo es de 22.3 por ciento.

Esta diferencia entre la edad productiva de las empresarias y la de otras mujeres trabajadoras podría explicarse porque las mujeres entrevistadas tienen que haber adquirido experiencia antes de incorporarse a la actividad empresarial independiente, por lo cual posiblemente no habrían podido hacerlo a una edad temprana.

De hecho, si revisamos las encuestas de la micro, pequeña y mediana industria realizadas por el INEGI podemos constatar que en lo referente a la edad, las mujeres empresarias presentan patrones similares a los de los hombres, ya que 80% de ellos también son mayores de 30 años. Es probable por lo tanto que esta situación se explique por una situación socioeconómica relativamente privilegiada[54] que permite que muchos integrantes del "sector empresarial" no trabajen durante los años de juventud y se dediquen fundamentalmente al estudio. En el caso de las mujeres encuestadas para este estudio los datos obtenidos mostraron que la mayoría continúa estudiando hasta los 25 años y sólo posteriormente trabaja en la empresa.

Entre las entrevistadas, 54.3% contestó haber cursado estudios de licenciatura o incluso superiores (posgrados, especializaciones, etcétera); 17% cursó carreras técnicas y comerciales o estudios relacionados con contaduría, administración y áreas afines; 15% acabó únicamente preparatoria, y 6.7% llegó hasta la secundaria.

---

[53] La importancia de las jóvenes dentro de la participación económica en las zonas metropolitanas ha sido analizada en algunas investigaciones que han tomado como referencia las tasas de participación de la población femenina por grupos de edades en las zonas metropolitanas. Así, si nos fijamos en las tasas de las ciudades de residencia del mayor número de empresarias entrevistadas en 1991 (México y Guadalajara) advertimos que en 1987, en la ciudad de México, entre las mujeres de 20 a 24 años de edad, la tasa de participación era de 51.1%, y en Guadalajara 49%. El descenso de la tasa de participación entre las trabajadoras mayores de 25 años se ha explicado porque muchas suelen retirarse del trabajo al contraer matrimonio. Los datos de participación económica de las mujeres por grupos de edad en la ciudad de México en 1987 son: 47.4%, de 25 a 34 años; 44.5%, de 35 a 44; 35.3%, de 45 a 54; 21.6%, de 55 a 64, y 13.6 mayores de 65 años (Pedrero, 1990).

[54] Quizá su situación socioeconómica también les permita obtener apoyo de trabajadoras domésticas y no dedicar tanto tiempo a las "actividades del hogar" como lo hacen las de estratos socioeconómicos más pobres.

Los datos sugieren un alto nivel de preparación, ya que sólo 3.7% estudió únicamente la primaria. Sin embargo, en virtud de la gran importancia que las empresarias le dan a la educación (y que se constató en las respuestas a las preguntas que después hicimos sobre los problemas nacionales) es muy probable que los resultados estén sesgados, ya que como la educación se relaciona con el prestigio social muchas de ellas no declaran sus estudios reales sino otros más elevados.[55]

FAMILIA Y EMPRESA

En lo que respecta al estado civil, en nuestra muestra[56] se encontró que casi la mitad de las mujeres (48%) estaban casadas;[57] 20% eran solteras; 12% viudas, y 18% divorciadas. Si tomamos en cuenta que 92% de ellas se encontraban en edades en que frecuentemente se está casada (de 25 a 60 años de edad), el cuestionario muestra un alto porcentaje de mujeres no unidas (viudas, divorciadas y solteras); de hecho 49.4% entra en esta situación.

Tales datos cobran mayor relevancia si se les compara con la información de los censos nacionales. Si se consideran, por ejemplo, las cifras de 1990 sobre la población femenina mayor de 25 años en el Distrito Federal, el porcentaje de mujeres unidas es de 68.6,[58] lo que implica una diferencia de 20% con las mujeres empresarias.

---

[55] Ésta es la impresión que se obtuvo del trabajo de campo en el momento de aplicar la encuesta.

[56] Los datos de la presente sección se refieren a la muestra levantada en 1991 que fue contestada por un mayor número de empresarias. Los cuestionarios realizados en años subsiguientes ratificaron las tendencias encontradas en ese entonces.

[57] De éstas, 1.5% no estaban realmente casadas sino viviendo en unión libre. Sin embargo, este dato no se tomó en cuenta por separado debido a su escasa significación.

[58] Este porcentaje fue calculado por la autora con base en los avances del Censo General de Población y Vivienda de 1990 en el Distrito Federal. Se tomó como referencia el cuadro sobre la población de 12 años y más por delegación, sexo y grupos quinquenales de edad según el estado civil. Se consideró como "mujeres unidas" a aquellas que están casadas (civil, religiosamente o por ambas) o en unión libre.

En cuanto a la maternidad, casi la mitad de las mujeres (49.6%) tiene hasta tres hijos, 23% más de tres hijos y 26.7% no tiene hijos. En la muestra se observa que un alto porcentaje de mujeres tiene hijos mayores de 18 años, lo cual resulta significativo para nuestro estudio ya que, como veremos más adelante, muchos de ellos ingresan a trabajar en la empresa de la madre donde ocupan cargos de confianza. Por otra parte, el menor porcentaje de empresarias corresponde a las que tienen niños menores de cinco años, lo que habla efectivamente de un retiro de la mujer de la actividad productiva durante esta etapa, en la cual tiene que dedicar más tiempo a la maternidad.

Antigüedad y responsabilidades dentro de la empresa

La mayoría de las mujeres entrevistadas (84.4%) son dueñas de la empresa y trabajan activamente en puestos directivos dentro de la misma. Sólo una minoría parece delegar la dirección en otras personas. Esto es congruente con la inclinación de la AMMJE, cuyos congresos, como puede verse en las convocatorias, están dirigidos a las "damas dirigentes de sus propias empresas".

En lo que respecta a la manera en que se insertaron dentro de la actividad de la empresa y la forma de adquirirla, 58.4% de las mujeres formó su empresa, 10.7% la heredó, 4.6% dio otro tipo de respuestas vinculadas con la invitación de un familiar (a menudo el marido) para participar en la empresa; sólo 3.1% dijo haberla comprado, y 2.9% respondió que se trataba de "una empresa familiar".[59]

Resulta que la función de la mujer es muy activo dentro de la empresa: la mayoría formó su propia empresa y, además, ocupa puestos directivos en ella. Al respecto valdría la pena evaluar hasta qué punto las funciones de la mujer de gestación y dirección de la empresa están entrelazadas. Es probable que si no hubieran participado en la formación de la empresa encontrarían muy

---

[59] No contestó esta pregunta 19% de las empresarias.

difícil llegar a ocupar posiciones directivas, participaran sólo como empleadas y no como "empresarias".

En el caso de las mujeres entrevistadas se encontró que a menudo comparten con socios la propiedad de las empresas: 62% de las mujeres tiene sus empresas en sociedad, 22.6% contestó ser propietaria única y 13.9% no contestó.

IMPORTANCIA DE LAS EMPRESAS FAMILIARES

Como ya se dijo, la mayoría las empresarias (62%) no son propietarias únicas de sus empresas sino que están en sociedad. De estas últimas, 86% son copropietarias de una empresa familiar.

Por medio del análisis de esta situación se puede apreciar lo siguiente:
• Los datos sugieren que en esta muestra predomina un perfil de empresarias que formaron una empresa en colaboración con su familia. Entre éstas destacan las constituidas en sociedad con los esposos, seguidas muy de cerca por las sociedades con hijos, y después con otros familiares como hermanos, padres, sobrinos, etcétera. También hay sociedad con la familia política, pero el porcentaje es más bien reducido.
• Lo anterior obliga a plantear las siguientes preguntas: ¿Hasta qué punto la mujer se va integrando a las actividades directivas de la empresa como una continuación de su vida en familia, para ayudar o ser ayudada por el esposo, por los hijos, etcétera?, o ¿hasta qué punto ésta es una integración a la actividad empresarial independientede su familia?
• Sin embargo también vale la pena preguntarse hasta qué punto este modelo es específicamente femenino, y si no responde al carácter de gran parte de las empresas en México, donde la familia suele ser copropietaria, independientemente de que los empresarios sean hombres o mujeres.
• Los datos anteriores también muestran la existencia de una fuerte carga afectiva ligada a la sociedad de la empresa. Cuando uno no se asocia con familiares lo hace con amigos; la asociación con otras personas parece ser ocasional. La confianza depositada en un socio

está vinculada a lazos familiares o amistosos (aunque también puede ser que el buen socio se haya convertido en amigo).

La importancia de la empresa familiar[60] se hace más evidente cuando no sólo se toma en cuenta la propiedad, sino también a los familiares que trabajan en la empresa. Del total de mujeres entrevistadas, 63% contestó que en su empresa trabajan familiares. Si tomamos en cuenta el dato anterior sobre las mujeres copropietarias en una empresa familiar, esto quiere decir que además de los dueños que posiblemente trabajen en la empresa, hay otros familiares que están en ella como empleados, lo cual corrobora la importancia que tiene la familia en las empresas de las mujeres entrevistadas.

De las entrevistadas 20% contestó que en su empresa trabajan también sus hijos, 17% mencionó a sus hermanos, 9% al esposo, 5% a sus padres, 3% a parientes políticos, y 3% a otros familiares como sobrinos y tíos.

Algunas (14%) dijeron que en su empresa trabaja un segundo familiar –como sus hermanos, sobrinos o tíos, hijos, esposo y parientes políticos–, 6% mencionó a un tercer familiar, entre los que destaca la presencia de los hermanos.

Sobre la base de estos datos se puede concluir que las empresarias tienden a rodearse de sus parientes cercanos para trabajar: en primer lugar de sus hijos, cuando éstos ya están en edad de trabajar; en segundo, de sus hermanos, y en tercer lugar del marido.

Los datos son congruentes con el alto número de mujeres no unidas que obtuvimos en la muestra, lo cual explica los elevados porcentajes de aquellas que trabajan con sus hijos y sus hermanos y no con su marido.[61]

---

[60] En términos generales se considera que una empresa es familiar en la medida en que –independientemente de su tamaño– la propiedad y el control está en manos de una familia (consúltese al respecto Salo Grabinsky, *La empresa familiar*, México, Del Verbo Emprender, 1992). Para los fines de este trabajo se considera como familiar a aquella empresa en la cual la familia no sólo tiene el control y la mayoría de las acciones sino que también son los familiares los que trabajan en la misma ocupando la mayoría de los puestos y cargos ejecutivos.

[61] Sin embargo también hay que señalar que el porcentaje de esposos socios es mayor que el de maridos trabajadores en la empresa, lo que hace suponer que en muchos casos el cónyuge entra como socio capitalista de una empresa donde trabajan su esposa y sus hijos.

Dada la importancia de los hijos, sería interesante averiguar si las mujeres se plantean como uno de los objetivos básicos al fundar una empresa el que ésta sirva como una forma de abrir el camino laboral a sus hijos, quienes incluso pueden no tener otra opción dadas las condiciones actuales del mercado de trabajo.

La importancia de las empresas familiares en la muestra analizada puede deberse a que, en ellas, las mujeres tienen más probabilidades de encontrar mejores condiciones de trabajo. Como aseguran algunos autores, la oportunidad para la mujer de ocupar puestos directivos es más alta dentro de las empresas familiares. Además, éstas le ofrecen otras posibilidades, como un horario flexible que puede ser muy importante en el caso de las madres de hijos pequeños. Las mujeres en la empresa familiar cuentan con más seguridad de conservar su empleo cuando tienen que dejar la empresa temporalmente por cuestiones médicas o personales. Por otra parte, estas empresas pueden ser la vía de ingreso de la mujer a industrias como la de la manufactura y la de la construcción que, como vimos, tradicionalmente han sido dirigidas por hombres.[62]

LA "INVISIBILIDAD" DE LA MUJER EN LA EMPRESA FAMILIAR

Hasta ahora hemos mencionado algunas de las ventajas que se le presentan a la mujer dentro de la empresa familiar; sin embargo también es importante resaltar las desventajas y riesgos. Entre éstos se pueden mencionar los siguientes:

• Los problemas de definición de funciones se agudizan cuando en el trabajo la mujer está en contacto cotidiano con otros miembros de la familia. Por los tradicionales papeles asignados socialmente a los sexos, es común que a la mujer que trabaja en una empresa familiar le resulte más difícil separar sus afectos de la dinámica de la empresa.

• El conflicto tradicional de la mujer empresaria frente al ejercicio del poder puede verse agudizado en la empresa familiar, donde

---

[62] Véase Matilde Salganicoff, "Women in Family Business, Challenges and Opportunities", en *Family Business Review*, vol. III, núm 2, San Francisco, 1990, pp. 128-129.

por los modelos sociales de comportamiento de hombres y mujeres no se acepta que la mujer "mande". Además de la discriminación externa, las mujeres se comportan entonces en tal forma que sus propias capacidades pueden verse autolimitadas.[63]
• La dinámica entre empresa y familia inserta en los modelos tradicionales de comportamiento hace que, a semejanza de lo que ocurre en el hogar, el trabajo de la mujer en la empresa permanezca "invisible".

No es raro encontrar que, aunque tenga importantes responsabilidades en la dirección, la presencia, de la mujer permanezca escondida en una empresa cuyo título de propiedad está a nombre de un familiar hombre, que puede aparecer también como dirigente de la misma aunque en realidad no desempeñe esta función.

Al trabajar dentro de una empresa familiar el papel de muchas mujeres no es percibido formalmente por los demás. No parece que estuvieran allí: en este sentido se vuelven "invisibles".[64] Consecuentemente, es probable que el número de mujeres empresarias sea mayor que aquel que las cifras estadísticas y censales muestran, ya que como es lógico suponer, la presencia de las "mujeres invisibles" no aparece en estos datos.

Muchas mujeres extienden el "papel doméstico" de protectoras y cuidadoras a los ámbitos del trabajo. En este sentido, pueden desempeñar en la empresa el mismo papel sob reprotector que la madre en la estructura familiar: se encargan de "nutrir" y asegurar que los otros no sufran carencias. Esta actitud de "sobreprotección" que suelen mostrar en la empresa familiar, actúa como antídoto del sentimiento de culpa que frecuentemente las invade ante la posibilidad de alcanzar el éxito.[65]

Así, en el caso de las mujeres casadas muchas veces se espera que, como parte de su papel de esposas, deban ser las confidentes

---

[63] *Ibid.*, pp. 136-137.

[64] Barbara Hollander y Wendy R. Bukowitz, "Women, Family Culture and Family Business", en *Family Business Review*, vol. III, núm. 2, San Francisco, 1990, pp. 142-143.

[65] Véase *ibid.*, pp. 142-143, y Joanne Gills-Donovan y Carolyn Moynihan-Bardt, "The Power of Invisible Women in the Family Business", en *Family Business Review*, vol. III, núm. 2, San Francisco, 1990, p. 156.

y asesoras de su pareja en la empresa, llevar las relaciones públicas de la misma y preocuparse por el bienestar de los empleados.

Muchas mujeres que están en sociedad con su esposo encuentran que, en comparación con su pareja, ellas son menos visibles para el mundo externo. Frecuentemente se asume que la única razón para que ocupen una posición dentro de la empresa es que están casadas con el jefe. En congruencia con su "función" de esposa se espera que su papel sea subordinado y "detrás del marido".

De hecho, un gran número de mujeres están satisfechas con su "papel invisible" y no ven razones para buscar un cambio. Sin embargo, aquellas que desean otra situación suelen entrar en una lucha emocional consigo mismas. El intento de "ser visibles" de la misma forma en que lo son sus maridos, hermanos y padres, y el deseo de ocupar un puesto directivo con la consecuente retribución económica, reconocimiento y autoridad dentro y fuera de la empresa, puede llevarlas a entrar en conflicto con otros miembros de la familia reacios al cambio.

INGRESO Y SUSTENTO FAMILIAR

Se incorporó una serie de preguntas con la finalidad de percibir la importancia del ingreso económico de la empresaria dentro del total de lo requerido para el sustento familiar.

De las entrevistadas 55% contestó que el ingreso que recibía de la empresa se complementaba con el del resto de su familia y 40% afirmó que éste era el único sustento familiar (4.6% no respondió a la pregunta). A pesar de no ser mayoritario, hay un alto porcentaje de empresarias cuyo ingreso es el único sustento familiar. Se trata de un dato relevante que rompe con los papeles tradicionales que se tiende a asignar a las mujeres en la familia. Parte de la explicación de este hecho puede atribuirse al gran número de mujeres "no unidas" contenido en la muestra, pero el dato también refleja un cambio fundamental en las relaciones de pareja. A su vez, esto puede ser causa y efecto de que la mayoría de las entrevistadas trabaje más de cuarenta horas en la empresa.

Sin embargo, como vimos, algo más de la mitad de las empresarias respondió que el sustento familiar proviene también de otros ingresos, y que no son únicos los que ellas obtienen de la empresa.

Ahora bien: ¿con qué porcentaje contribuyen al gasto familiar las mujeres cuyo sueldo se complementa con el de otros familiares? Las respuestas mostraron que prevalecen las que contribuyen con menos de 50%. Sin embargo parece que este dato es poco preciso, ya que hubo reticencia para contestar esta pregunta y se obtuvo un gran número de respuestas en blanco, y además se descubrieron ciertas contradicciones. Algunas mujeres que en la pregunta previa afirmaron que su ingreso no era el único sustento familiar, respondieron ambiguamente al afirmar que su contribución equivalía a 100% del gasto familiar. Si bien es cierto que esta situación abiertamente contradictoria sólo es obvia en un número minoritario de casos (7%), es un hecho significativo. En la medida en que se trata de mujeres casadas, las respuestas pueden considerarse como expresión de los conflictos generados debido a los papeles tradicionales asignados a los géneros, y de ahí que a las mujeres les resulte difícil aceptar que "en realidad" son ellas quienes mantienen a su familia. Otra posibilidad es que esta contradicción se explique por situaciones de carácter temporal (desempleo o enfermedad), en el momento que se realizó la encuesta, de algún otro miembro de la familia, quien regularmente está activo y recibe un ingreso. De todos modos, este hecho no invalida el argumento anterior.

¿Quiénes son los otros contribuyentes al gasto familiar? Como era de esperarse el porcentaje más alto es el del esposo. En la mayoría de las parejas, cuando la esposa es empresaria, ésta no sostiene únicamente con su ingreso a la familia, sino que lo complementa –en mayor o menor medida– con el de su pareja. Sin embargo es importante hacer notar que esto no sucede en todos los casos. En la muestra se encontró que 35% de las casadas aseguró que su esposo no contribuye al gasto familiar. Estos datos indican que entre ciertos sectores de mujeres empresarias se dan quizá los cambios más importantes de la relación de pareja respecto a la responsabilidad del sustento económico de la familia.

Los siguientes familiares que contribuyen al gasto familiar son los padres. Una minoría poco representativa se refirió también a los hijos.

LA AUTOEVALUACIÓN DE LAS MUJERES EMPRESARIAS

En el cuestionario aplicado incluí algunas preguntas referentes a la percepción que las empresarias tienen de sí mismas. Los resultados sorprenden y muestran que éstas pudieron descubrir fácilmente sus virtudes y cualidades, pero se negaron a aceptar sus propias limitaciones.

Así, 96% de las entrevistadas contestó que creía poseer las características necesarias para ser una "empresaria" exitosa, y entre las virtudes se mencionan, en primer lugar, la perseverancia, tenacidad y fuerza de trabajo. De hecho, 65% de las empresarias consideró poseer estas cualidades.

Todos los otros atributos se hallan muy por abajo del anterior: 17% mencionó su seguridad e independencia; 15% su capacidad y preparación; 14% su propia ambición; 12% su sentido de responsabilidad; 12% su inteligencia y creatividad, y 7% habilidades relacionadas con el manejo de grupos y contratación de personal. De su personalidad, las empresarias consideran factores de éxito la tenacidad, fuerza de trabajo y perseverancia. A pesar de los altos niveles de preparación educativa (la mayoría de ellas ha cursado preparatoria y muchas tienen estudios técnicos, profesionales y de posgrado), las entrevistadas no consideran que éste sea un factor fundamental para el "éxito", pues sólo llega a ocupar el tercer lugar después de la tenacidad y la propia seguridad e independencia. A estos factores le siguen en importancia otros más como la propia ambición y el deseo de perfección; el sentido de responsabilidad, la inteligencia y la creatividad, y la capacidad para el manejo de grupos y contratación de personal.

Como se dijo, el contraste entre las empresarias que mencionaron sus cualidades y las que pudieron aceptar sus deficiencias es realmente impresionante: 90% de las empresarias no contestó a la pregunta relacionada con sus deficiencias personales, lo cual sugiere cierta ausencia de autorreflexión crítica y rechazo a aceptar abiertamente los propios defectos. Quizá esto tenga parte de su explicación en que las mujeres empresarias han encontrado que "no les queda otra" que asumirse –tanto para los demás como para sí mismas– como "supermujeres", como única forma de "sobrevivencia" en una cultura empresarial que en muchos sentidos las excluye. El bajo porcentaje que reconoció sus deficiencias personales señaló en primer lugar lo que consideró "factores sentimentales", relacionados con la angustia y la timidez. En segundo lugar se mencionaron otras características como el desaliento, la falta de dirección y preparación, y el ser "demasiado confiadas".

Al respecto es interesante hacer notar que aunque la mayoría de las empresarias afirmó no tener obstáculos por ser mujeres en la actividad empresarial, al hablar de sus deficiencias las vincularon con cuestiones que tradicionalmente se atribuyen a la personalidad femenina como "el sentimentalismo" y la timidez.

Problemas y obstáculos

En los distintos cuestionarios aplicados se incluyeron preguntas respecto a los problemas específicos que vivían las empresarias como mujeres.

Los datos mostraron que 55% consideró no tener problemas específicos como mujer, y 39% reconoció tenerlos debido a su condición femenina.

Esta percepción dividida de las mujeres respecto a las limitaciones que enfrentan por su condición femenina, se hizo evidente una vez más entre las asistentes al II Congreso de Empresarias, que se llevó a cabo en marzo de 1992 en la ciudad de México. En las mesas de trabajo donde se fomentó la discusión, las opiniones estaban claramente divididas en torno de este punto. Muchas mujeres denunciaron actitudes de discriminación y de acoso sexual, mientras otras sostuvieron que no tenían problemas de ningún tipo. Otras más llegaron incluso a plantear que el hecho de ser mujer les podría dar ciertas ventajas en el mundo de los negocios.

Al respecto, y en relación con la rama de producción de la empresa, valdría la pena averiguar hasta qué punto la mayoría de las empresarias carece de limitaciones por ser mujer debido a que se concentra en actividades empresariales propiamente "femeninas", vinculadas más a las áreas de servicios y de comercio, que se prestan a una mayor flexibilidad de horarios y a una mayor aceptación social que las actividades propiamente industriales. Como se aseguró previamente, en la propiedad y dirección de la industria pesada parece haber poca presencia de estas mujeres.

Por otro lado, los datos de los cuestionarios y la propia actitud que se pudo descubrir en los diversos contactos personales, muestran que a pesar de que en un primer acercamiento muchas empresarias parecían reacias a aceptar que suelen enfrentarse a barreras sociales, al profundizar sobre el tema, contradicen su primera respuesta y empiezan a reconocer los obstáculos. Por medio de los cuestionarios levantados en distintos años nos pudimos percatar de que las principales desventajas que enfrentan como mujeres empresarias son:

• Una continua falta de confianza: no se les toma en serio, se les limita, se duda de su capacidad.
• Dificultades para el acceso a capitales y crédito. La desconfianza las afecta en particular cuando se acercan al sector financiero a solicitar créditos para la empresa. Muchas veces tienen que recurrir a hombres familiares o amigos para que se presenten con ellas en los bancos e instituciones de crédito.
• La falta de aceptación por los hombres de sus posiciones de jefatura o mando, cuestión relacionada con la dificultad de las mujeres para ejercer la autoridad y el liderazgo.
• La ausencia de "role-models" que puedan tomar como modelo.
• La falta de oportunidades para adiestrarse y capacitarse en cursos y carreras técnicas y de administración que a menudo se consideran "territorio de hombres".
• El rechazo a la participación de las mujeres en áreas no tradicionales como la construcción, la minería, etcétera.
• La falta de reconocimiento profesional y social a su propia actividad. En las empresas familiares su trabajo permanece invisible; en otro tipo de empresas se devalúa su actividad por considerar que, en la medida en que ellas la desempeñan, ésta es menos relevante, es sólo un "juego" o una "actividad secundaria" dentro de la vida de la mujer.

• La exclusión de las cámaras de comercio e industria nacionales, donde todos los representantes son del sexo masculino.
• En relación con el peso de la mujer en las organizaciones empresariales también debe mencionarse la poca influencia de las asociaciones sectoriales femeninas establecidas. A pesar de que existen algunas agrupaciones femeninas empresariales, tanto por el reducido número de sus miembros como por la proyección de sus acciones, están lejos de tener un peso significativo y no ejercen influencia importante de carácter local o nacional.
• La exclusión de otros círculos empresariales y de redes de apoyo de todo tipo donde se lleva a cabo gran parte del trabajo de "networking": clubes de industriales, asociaciones de banqueros, etcétera.
• Las responsabilidades en el hogar, los problemas de conciliación entre las distintas funciones de la mujer y la falta de apoyo de su pareja y familiares para compartir las tareas domésticas y el cuidado de los hijos.
• Obstáculos vinculados con la "condición femenina" como la propia inseguridad, el sentimentalismo, la timidez, la falta de agresividad, etcétera.
• Hostigamiento sexual.
• Problemas relacionados con la propiedad y la "sucesión". En las empresas familiares se tiende a privilegiar al hijo varón sobre la hija para otorgarle la responsabilidad futura de las mismas. Otras compañías suelen estar a nombre de un hombre, aunque quien las haya formado y las dirija sea una mujer.
• Características propias de las diversas culturas empresariales regionales y nacionales específicas.
• Otros factores de discriminación de diversa índole: la ideología nacional, el machismo, etcétera.

RECAPITULACIÓN

Los datos proporcionados en este trabajo dan cuenta de la poca representación de las mujeres en el ámbito empresarial de México. El índice de participación de la mujer como empresaria es claramente inferior al de la participación femenina dentro de la población económicamente activa en el país, y contrasta en particular con lo que ocurre en el ámbito laboral. Mientras que en este último se encontró que hay una mujer por cada dos hombres, en el mundo empresarial la relación es de uno a cinco. En comparación con algunos países desarrollados (Estados Unidos, Canadá, Gran Bretaña, Finlandia, Francia), México tiene los porcentajes más bajos de participación de la mujer dentro del total del empresariado del país. Sin embargo, esta proporción varía mucho en función del tamaño de la empresa. En la microempresa la relación entre hombres y mujeres propietarios en México es de dos a uno, es decir, similar a la relación que existe entre los trabajadores o empleados. De hecho se ha descubierto que existe una relación inversamente proporcional entre las mujeres empresarias y el tamaño de la empresa. Ello se explica en parte por la dificultad que aún se opone a la mujer para obtener créditos y la tensión que le produce la incompatibilidad de sus distintas funciones.

Otro rasgo distintivo de las mujeres empresarias en México es su tendencia a concentrarse en los sectores comerciales y de servicios y en ciertas actividades específicas como las vinculadas con los restaurantes y hoteles y con los servicios comunales y sociales. Esta tendencia de las empresarias en México no es una excepción sino que la comparten tanto con sus homólogas en distintos países como con otras mujeres de la población económicamente activa, cuya presencia en actividades propiamente masculinas como la construcción y la minería es claramente minoritaria.

La importancia de las empresarias por sectores se relaciona a su vez con su distribución regional. Los avances de la investigación han permitido descubrir un mayor peso de éstas dentro del empresariado de algunos estados menos industrializados, donde las actividades relacionadas con el comercio y ciertos servicios –como los de restaurantes y hoteles– tienden a cobrar mayor importancia.

En lo que respecta a las características de las propias mujeres empresarias, en la muestra domina una población que en la mayoría de los casos rebasa la edad de treinta años y posee un alto nivel educativo (en general han terminado la preparatoria y tienen estudios de licenciatura o su equivalente). Estos atributos contrastan con el resto de la población femenina económicamente activa y son similares a los de los empresarios varones.

Si se toman en cuenta características sociodemográficas como el estado civil, las mujeres empresarias presentan ciertos rasgos que parecerían serles específicos, como los relacionados con el alto número de las no unidas encontrado en la muestra.

La mayoría de las entrevistadas formó su propia empresa y ocupa un puesto directivo importante dentro de la misma. En este sentido, los datos sugieren que, en el papel de la mujer, la gestación y la dirección de la empresa están entrelazados. Es probable que, si no hubiera participado en la formación de la empresa, encontrara muy difícil llegar a ocupar posiciones directivas dentro de la estructura directiva de la misma.

La mayoría de las mujeres no son dueñas únicas, sino socias de una empresa que a menudo es familiar. Los accionistas son los propios familiares y en la mayor parte de los casos también son ellos quienes ocupan los principales cargos ejecutivos. En esta estructura organizativa, característica de las sociedades latino-americanas, la mujer suele disfrutar de ciertas oportunidades relacionadas con la posibilidad de acceder a los sectores industriales "propiamente masculinos" y además flexibilidad en el horario. Sin embargo también tiene que enfrentarse a obstáculos específicos, ya que la asignación de los papeles tradicionales de género dentro de la familia suele reproducirse en la empresa.

En lo que respecta a las características subjetivas en torno de los requerimientos para lograr el "éxito", las entrevistadas consideran como cualidades fundamentales la tenacidad, la energía y fuerza de trabajo. En un segundo plano se manifestaron por otros atributos que tienen que ver con la necesidad de una buena preparación y un adecuado nivel educativo. Entre los obstáculos fundamentales, que se oponen a las empresarias en sus actividades cotidianas, destacan aquellos relacionados con la "falta de confianza" y las dudas sobre su capacidad; las restricciones para su acceso a los capitales y al crédito; la exclusión de los clubes, las asociaciones y otras "redes de intercambio" de la comunidad empresarial; así como otras situaciones vinculadas con su situación de género, como el cuestionamiento constante de su preparación y de sus habilidades para ocupar los cargos de dirigencia y liderazgo.

Dada la escasa bibliografía sobre la participación de la mujer empresaria en México y América Latina, las fuentes que sustentan el presente artículo fueron generadas durante el propio proceso de investigación. Consecuentemente, una de las contribuciones más importantes del trabajo es que proporciona un panorama general que permite un primer acercamiento a la situación de la empresaria en México y su inserción en los distintos aspectos de la vida productiva. Para lograr este propósito se partió de una perspectiva comparativa que permitiera analizar las tendencias estadísticas que se perciben a la luz de las semejanzas y diferencias respecto de lo que ocurre en otros países, así como de los propios contrastes regionales en el interior de la República Mexicana.

Por los propios objetivos del proyecto, en esta etapa no nos detuvimos en un diagnóstico minucioso de los distintos puntos que en él se tocan, y que podrían dar lugar a trabajos de corte cualitativo que profundicen en aspectos específicos. Para el desarrollo de investigaciones futuras sería importante tratar de incorporar las aportaciones que sobre el tema han hecho algunas disciplinas como la antropología y la psicología social, cuyas estrategias académicas enriquecerían el enfoque macrosocial que se ha adoptado en el presente artículo.

APÉNDICE

Información sobre los cuestionarios

Cuestionario 1991

La información se obtuvo de un cuestionario que se aplicó a la Asociación Mexicana de Mujeres Jefas de Empresa, que en febrero de 1991 organizó el Primer Congreso de Mujeres Empresarias en la ciudad de Guadalajara, Jalisco. De un total de 137 cuestionarios contestados, 110 se levantaron en el Congreso y los 27 restantes en un desayuno, que se llevó a cabo un mes después en la ciudad de México, que tuvo por objeto informar sobre el Congreso a las asociadas de la capital que no pudieron asistir.

A pesar de que el cuestionario se presentó valiéndose de la asociación organizadora, y como la participación en el Congreso no se limitó a los miembros activos de la misma sino que respondió a una convocatoria abierta de carácter nacional, en el momento de levantar el cuestionario, la mayoría de las entrevistadas (58%) no pertenecía a la AMMJE, circunstancia que repercutió favorablemente en la mayor cobertura de la muestra que, aunque no llega a ser representativa del empresariado femenino, fue más diversificada.

Como es lógico suponer, hay una alta proporción de entrevistadas que, por el lugar de residencia y la localización de su empresa, se concentran en los estados donde se levantó el cuestionario. Sin embargo también hubo la oportunidad de captar información sobre algunas empresarias de otros lugares de la República, con resultados interesantes.

De las mujeres entrevistadas, 43 (31.4%) tenían sus empresas en el Distrito Federal; 41 (29.9%) en Jalisco; siete (8.8%) en Sinaloa; cinco (3.6%) en el Estado de México; cinco en Nuevo León y tres en Colima.

Hubo dos empresarias por cada uno de los siguientes estados: Oaxaca, Quintana Roo, Sonora, Puebla y Querétaro. Con una empresaria por estado se obtuvo información de Michoacán, Chiapas, Guanajuato y Querétaro. También contestaron el cuestionario dos mujeres mexicanas que son propietarias de empresas en el estado de California en Estados Unidos.

Del total de empresarias entrevistadas, 13 aseguraron tener empresas o sucursales de las mismas en varios lugares de la República. De entre ellas, seis cuentan con una segunda empresa en el Distrito Federal; dos en Jalisco; dos en el Estado de México; una en Colima; una en Guanajuato y una en Querétaro.

Asimismo, hubo cuatro casos de empresarias que mencionaron una tercera empresa o una sucursal en un tercer estado, dos de ellas en Veracruz y dos en Nuevo León.

Cuestionario 1992

Este cuestionario se aplicó durante el Segundo Congreso de Mujeres Empresarias que se llevó a cabo en la ciudad de México. Se buscaba complementar y hacer un seguimiento de algunos de los resultados obtenidos en el anterior. En esta ocasión la muestra fue más reducida

(66 casos) y se entrevistó a empresarias del Distrito Federal, Jalisco, el Estado de México, Sonora, Michoacán y Veracruz.

En los cuestionarios aplicados se plantearon varias preguntas que permitieron obtener datos sobre la edad, la escolaridad, el tamaño y la organización de la empresa, la vinculación entre empresa y vida familiar, y la participación de la mujer en las organizaciones empresariales y otro tipo de asociaciones. El cuestionario concluye con algunas preguntas de opinión sobre los problemas y los avances más importantes que el país ha experimentado durante los últimos años.

Cuestionario 1993, Nafinsa-AME

Este cuestionario se aplicó a 23 empresarias del Distrito Federal y 30 del estado de Veracruz. Las del Distrito Federal se seleccionaron del sector femenino apoyado por Nafinsa (la selección la hizo la propia institución). La encuesta en Veracruz se aplicó valiéndose de la Asociación de Mujeres Empresarias con sede en este estado.

Cuestionario 1993, Camco

Se aplicaron 23 cuestionarios por medio del Grupo de Mujeres Empresarias de la Cámara de Comercio del Distrito Federal. Como su nombre lo indica, este cuestionario sólo incluyó a empresarias de los sectores de comercio y de servicios.

BIBLIOGRAFÍA

Ahooja, Patel, "Employment of Women in Sri Lanka: The Situation in Colombo", en Anker, Richard y Catherine Hein (eds.), *Desigualdades entre hombres y mujeres en los mercados de trabajo urbano del tercer mundo*, Ginebra, Oficina Internacional del Trabajo, 1987.

Alonso, José, "Mujer y trabajo en México", en *El obrero mexicano*, vol. 2, México, Siglo XXI/UNAM-Instituto de Investigaciones Sociales, 1984.

Anker, Richard y Catherine Hein, *Desigualdades entre hombres y mujeres en los mercados de trabajo urbano del tercer mundo*, Ginebra, Oficina Internacional del Trabajo, 1987.

Barbieri, Teresita de, "Los ámbitos de acción de las mujeres", en *Revista Mexicana de Sociología*, núm. 1, México, UNAM-Instituto de Investigaciones Sociales, 1991.

Boserup, Ester, *Woman's Role in Economic Development*, Nueva York, St. Martin Press, 1970.

Carter, Sara y Tom Cannon, *Women as Entrepreneurs*, Londres, Academic Press/ Jovanovich Publishers, 1992.

Cooper, Barbieri *et al.*, *Fuerza de trabajo femenina urbana en México*, vol. II, México, Porrúa/UNAM-Coordinación de Humanidades, 1989.

Data-Bah, E., "Sex Segregation and Discrimination in Accra: Causes and Consequences", en Anker, Richard y Catherine Hein (eds.), *Desigualdades entre hombres y mujeres en los mercados de trabajo urbano del tercer mundo*, Ginebra, Oficina Internacional del Trabajo, 1987.

De Avelar, Sonia, "Latin American Women in Management, in Business and in Public Affairs, Inroads to Economic and Political Empowerment", ponencia presentada en International Congress of Latin American Studies Association, Los Ángeles, 24 a 27 de septiembre, 1992.

De Rix, Liliana, "El problema de la condición femenina en América Latina: la participación de la mujer en los mercados de trabajo: el caso de México", en *La mujer y el trabajo en México*, Cuadernos Laborales, núm. 31, Secretaría del Trabajo y Previsión Social, 1986.

Gabayet Ortega, Luisa, "Antes éramos mayoría... Las mujeres en la industria textil de Guadalajara", en Gabayet Ortega, Luisa, Patricia García *et al.*, *Mujeres y sociedad, salarios, hogar y acción social en el occidente de México*, Guadalajara, El Colegio de Jalisco/CIESAS, 1988.

García Guzmán, Brígida, "La fuerza de trabajo en México a principios de los noventa: problemas de medición, principales características y tendencias futuras", documento del proyecto *Determinantes de la oferta de mano de obra en México*, México, El Colegio de México, 1994.

García, Brígida y Orlandina de Oliveira, *Trabajo femenino y vida familiar en México*, México, El Colegio de México, 1994.

García, Brígida, "La participación de la población en la actividad económica", en *Demografía y Economía*, vol. IX, núm. 1, México, El Colegio de México, 1975, pp. 1-131.

Garrido, Celso, *La evolución del actor empresarial mexicano en los ochenta*, proyecto de organizaciones empresariales, México, UNAM-Facultad de Ciencias Políticas y Sociales/Instituto de Investigaciones Sociales, 1992.

Gills-Donovan, Joanne y Carolyn Moynihan-Bardt, "The Power of Invisible Women in the Family Business", en *Family Business Review*, vol. III, núm. 2, San Francisco, 1990.

Grabinsky, Salo, *La empresa familiar*, México, Del Verbo Emprender, 1992.

Hisrich, R. D. y C. G. Brusch, "The Women Entrepreneur. Managements. Skills and Business Problems", en *Journal of Small Business Management*, 1984, pp. 30-37.

Hollander, Barbara y Wendy R. Bukowitz, "Women, Family Culture and Family Business", en *Family Business Review*, vol. III, núm. 2, San Francisco, 1990.

House, W. J., *Cypriot Women in the Labour Market. An Exploration of Myths and Reality*, Serie Mujer, Trabajo y Desarrollo, Ginebra, Organización Internacional del Trabajo, 1987.

Instituto Nacional de Estadística, Geografía e Informática, *Censos Económicos*, 1989.

——, *Censo General de Población y Vivienda*, 1990.

——, *Glosario de términos censales*, 1990.

——, *Encuesta Nacional de Empleo*, 1991.

Kalleberg, Arne y Kejin Leichtn, "Small Business Success and Survival: Individual and Structural Determinants of Organizational Performance", en *Academy of Management*, 1991.

Loscoco, Karyn *et al.*, "Gender and Small Business Success: An Inquiry into Women's Relative Disadvantage", en *Social Forces*, The University of North Carolina Press, septiembre de 1991.

Marokjovic, M., *First European Survey of Women in Business*, Bruselas, EEC, 1987.

Medina Macías, Ricardo, "Los empresarios más prominentes de México", en *Expansión*, núm. 542, México, julio de 1990.

National Association of Women Business Owners (NAWBO), boletines periódicos varios, 1990-1992.

Nacional Financiera/Instituto Nacional de Estadística, Geografía e Informática, "La micro, pequeña y mediana empresa: principales características", en *Biblioteca de la micro, pequeña y mediana empresa*, núm. 7, México, 1993.

Neider, Linda, "A Preliminary Investigation of Female Entrepreneurs in Florida", en *Journal of Small Business Management*, julio de 1987.

Oliveira, Orlandina de, "Empleo femenino en México en tiempos de la recesión económica: tendencias recientes", en Cooper, Jennifer, Teresita de Barbieri *et al.*, *Fuerza de trabajo femenina urbana en México*, México, Porrúa/UNAM-Coordinación de Humanidades, 1989.

—— y Brígida García, "Expansión del trabajo femenino y transformación social en México: 1950-1987", en *México en el umbral del milenio*,

México, El Colegio de México-Centro de Estudios Sociológicos, 1990.

Organización Internacional del Trabajo (OIT), *El trabajo en el mundo 1992*, Suiza, Organización Internacional de Trabajo, 1992.

Pacheco Gómez Muñoz, María Edith, "Población económicamente activa femenina en algunas áreas urbanas de México en 1986", tesis de maestría en demografía, México, El Colegio de México-Centro de Estudios Demográficos y de Desarrollo Urbano, 1988.

Pedrero, Mercedes, "Evolución de la participación económica femenina en los ochenta", en *Revista Mexicana de Sociología*, núm. 1, enero-marzo, México, UNAM-Instituto de Investigaciones Sociales, 1990.

Pedrero, Mercedes y Teresa Rendón, "El trabajo de la mujer en México en los setentas", en *Estudios sobre mujer 1. Empleo y la mujer. Bases teóricas, metodológicas y evidencia empírica*, México, Instituto Nacional de Estadística, Geografía e Informática/Secretaría de Programación y Presupuesto, 1982.

Pellegrino, Eric y Barry Reece, "Perceived Formative and Operational Problems Encountered by Female Entrepreneurs in Retail and Service Firms", en *Journal of Small Business Management*, abril de 1982.

Puga, Cristina, *Empresarios pequeños, medianos y micros*, México, Cuadernos de Investigación, UNAM, 1992.

Ramírez, Elia e Hilda Dávila (comps.), *Trabajo femenino y crisis en México, tendencias y transformaciones actuales*, México, UNAM, 1990.

Rendón, Teresa y Mercedes Pedrero, "Alternativas de la mujer en el mercado de trabajo en México", en *Mercados regionales de trabajo*, México, INET, 1976.

Rodríguez, Beatriz y Carlos Welti, *La investigación en México sobre la participación de la mujer en la actividad económica en áreas urbanas y los efectos en su condición social* [Falta lugar de edición y editorial], 1993.

Salganicoff, Matilde, "Women in Family Business, Challenges and Opportunities", en *Family Business Review*, vol. III, núm 2, San Francisco, 1990.

Schumpeter, Joseph, *Teoría del desenvolvimiento económico*, México, Fondo de Cultura Económica, 1974.

Tienda, "Diferencias socioeconómicas regionales y tasa de participación de la fuerza de trabajo femenina: el caso de México", en *Revista Mexicana de Sociología*, año XXXVII, núm. 4, México, UNAM-Instituto de Investigaciones Sociales, 1975, pp. 911-929.

U.S. Department of Commerce, *The Bottom Line: Unequal Enterprise in America*, reporte de President's Interagency Task Force on Women Business Owners, Washington, D.C., Government Printing Office, 1978.

Weber, Max, *La ética protestante y el espíritu del capitalismo*, México, Premiá Editores, 1981.

Welsh, Harold y Earl Young, "Family Integration in Male and Female Owned Business in México", ponencia presentada en International Council for Small Business, Viena, 23 a 27 de junio, 1991.

Zabludovsky, Gina, "Mujeres empresarias y participación política", en *Estudios Políticos*, núm. 1, octubre-diciembre, México, UNAM/Facultad de Ciencias Políticas y Sociales, 1993.

——,"Reflexiones en torno al estudio de los empresarios en México", en *Política y Gobierno*, vol. 1, núm. 1, enero-junio, México, 1994.

EMPRESARIAS Y RELACIONES DE GÉNERO EN DOS CIUDADES DE PROVINCIA[1]

MA. GUADALUPE SERNA PÉREZ*

OBJETIVO

Este ensayo tiene como propósito ahondar en el conocimiento de las relaciones de género en un ámbito poco explorado: el de la participación de la mujer en la actividad empresarial.[2] Pondré especial

[1] Este escrito ha recorrido distintas etapas antes de llegar a ser material publicable. Quiero agradecer la paciencia, interés y críticas pertinentes de la doctora Mercedes González de la Rocha, y de Andrew Roth y David Spener a las versiones previas de este material. Las discusiones sobre mis hallazgos con Fernando I. Salmerón han contribuido también a darle cuerpo a mis preocupaciones. Para todos mi agradecimiento, así como para los lectores anónimos designados por el PIEM de El Colegio de México. Debo aclarar que las opiniones aquí expresadas son de mi entera responsabilidad.

* Investigadora del CIESAS de la Universidad de Guadalajara.

[2] Este trabajo es un avance de una investigación mayor titulada: *"Empresarias: Mujeres, empresas y hogares en dos ciudades medias de México"*, que se lleva a cabo en la ciudad de Aguascalientes, en el estado de Aguascalientes, y en las de Córdoba-Orizaba, en el centro de Veracruz. El estudio se realiza como proyecto de tesis doctoral bajo la dirección de la Dra. Mercedes González de la Rocha en el Programa de Doctorado en Ciencias Sociales, especialidad en Antropología Social, de CIESAS-Universidad de Guadalajara. Agradezco al Programa de Financiamiento del PIEM, Novena Promoción 1994-1995, el apoyo brindado para ejecutar una parte del trabajo de campo. El Mexican Center de la Universidad de Texas, en Austin, me apoyó también, mediante una Bolsa de Viaje C.B. Smith, Sr., para la consulta de fuentes bibliográficas recientes sobre el tema. Este escrito fue elaborado y enviado para su publicación a principios de 1996.

atención en el análisis de los conflictos que enfrentan las empresarias al iniciar y desarrollar una empresa. El estudio de esta problemática es relevante por dos razones: la primera, porque estas dificultades aparecen cuando la mujer desempeña una actividad que ha sido tradicionalmente masculina y que además está dominada por hombres; la segunda porque, parecen estar asociadas a la multiplicidad de funciones que las empresarias deben desempeñar simultáneamente: mujer, empresaria, esposa y madre.

Defino a la empresaria en los términos expresados por Lavoie: "una mujer que encabeza y es propietaria de un negocio, quien ha aceptado las responsabilidades y los riesgos financieros, administrativos y sociales que esto implica. Quien está además, efectivamente a cargo de la administración y conducción de la empresa día a día".[3] Limito mi definición a aquellas empresas que generan fuentes de trabajo, en cualquiera de las tres principales ramas de la actividad económica. Excluyo deliberadamente a las empresas familiares que no incluyen trabajadores remunerados y a las de una sola persona autoempleada.

Introducción

El estudio de la participación empresarial femenina permite profundizar en las razones de la permanencia de la mujer en la actividad económica como creadora de unidades económicas y generadora de empleos. El análisis de estos temas también arroja luz sobre los procesos mediante los cuales ellas toman la decisión de partici-

---

[3] Citado en Dorothy Moore, "An Examination of Present Research on the Female Entrepreneur-Sugested Research Estrategies for the 1990's", en *Journal of Business Ethics*, Netherlands, Kluwer Academic Publishers, 1990, pp. 275-281. El presente trabajo excluye a las mujeres ejecutivas porque son profesionales asalariadas. Aun cuando ellas estén a cargo de la administración de una empresa, reciben un salario por su trabajo y dependen directamente del propietario. Es importante anotar que las empresarias entrevistadas también establecen esta diferencia al referirse a esas trabajadoras: las ejecutivas tienen a su cargo responsabilidades importantes en las empresas pero no son propietarias de éstas y no deciden sobre la dirección de largo plazo de las mismas.

par en actividades independientes, dentro de una estructura predominantemente masculina. Por otra parte, permite ahondar en las características del desarrollo empresarial y en los efectos diferenciales de la restructuración económica. También ayuda a ampliar el conocimiento de la problemática de género como un producto cultural, y de éste como productor de diferenciación y desigualdad. Todo ello contribuye a un mejor conocimiento de la relación entre unidades económicas y unidades domésticas, específicamente cuando la responsabilidad de ambas está en manos de una mujer. El hecho de profundizar en esta línea de investigación debería permitir encontrar diferencias entre las empresarias. Resulta particularmente útil el distinguir a la empresa que constituye una opción de autoempleo de aquella que ofrece nuevas fuentes de trabajo y tiene planes de expansión. Finalmente, permite evidenciar los mecanismos sobre los cuales se crean las empresas encabezadas por mujeres y las redes de relaciones sociales y económicas que ellas establecen.

La participación de la mujer a la cabeza de la micro, pequeña y mediana empresas empezó a ser importante desde la década de los setenta, sobre todo en países como Estados Unidos, Canadá y Gran Bretaña.[4] Fue hasta mediados de la década de los ochenta cuando los estudios que intentaban explicar y analizar las razones de la participación femenina en el mundo de la empresa empezaron a cobrar auge. Aún en los noventa es relativamente poco lo que se conoce acerca de las empresarias y las características de su participación en un mundo tradicionalmente masculino, como es el de la empresa. Esto contrasta significativamente con la abundancia de estudios sobre los empresarios y las características de sus empresas.

Para los países de América Latina, México incluido, la situación es aún más grave, pues el problema espera todavía ser analizado. En estos países son muy pocos los trabajos que se han ocupado del tema. Aún no se cuenta con análisis sistemáticos sobre las características, problemáticas y cambios de la participación de la mujer de empresa. Dentro del grupo de trabajos que han abordado por este

[4] Véase *idem*.

tema se encuentran los estudios de Torrance para Venezuela; Avelar para Brasil; Serna, Zabludovsky para México.[5] En el caso mexicano, una rápida ojeada a los datos cuantitativos, básicamente las fuentes censales,[6] permite caracterizar la situación de las empresarias, respecto a la de los empresarios en los últimos veinte años. En 1970[7] los empresarios representaban 6.15% del total de la población económicamente activa ocupada. De este total 79.4% eran hombres y 20.96% mujeres. Para 1990[8] la actividad empresarial presentó una doble y drástica disminución.[9] En relación con el total de la población económicamente activa ocupada los empresarios disminuyeron hasta representar solamente 2.28% de la población ocupada. Asimismo, la participación de las mujeres también se redujo respecto a la de los hombres. En 1990, encontramos que del total de empresarios 83.7% eran hombres y 16.3%

---

[5] Véase Juanita A. Torrance, "La empresaria venezolana", ponencia presentada en el XIII Congreso Internacional LASA, Atlanta, GA, marzo de 1994; Sonia de Avelar, "Gender Inequality in Management, Business, and Employment Associations in Brazil: A Report on the Glass Ceiling", ponencia presentada en el XIII Congreso Internacional LASA, Atlanta, GA, marzo de 1994; Ma. Guadalupe Serna, "Entrepreneurship, Women's Roles and the Domestic Cycle. Women Perspectives on Domestic and Extradomestic Work in Aguascalientes Middle Class", en Report, The University of Texas at Austin, 1994 y "La mujer frente al trabajo: análisis de los significados entre empresarias de Aguascalientes", en Anuario de Estudios Urbanos, Universidad Autónoma Metropolitana-Azcapotzalco, 1995, y Gina Zabludovsky, "Mujeres empresarias y derechos económicos en México", ponencia presentada en el XIII Congreso Internacional LASA, Atlanta, GA, marzo de 1994.

[6] Utilizo los datos provenientes del censo porque facilitan la comparación de lo ocurrido con la participación de los empresarios entre 1970 y 1990.

[7] IX Censo Nacional de Población y Vivienda, México, 1970.

[8] XI Censo Nacional de Población y Vivienda, México, 1990.

[9] Esta drástica disminución de las personas consideradas como patrones o empresarios no se registra en ninguna otra categoría. Por el contrario, en el mismo periodo, hay un incremento en la categoría de trabajadores por su cuenta de más de 100%, y lo mismo sucede con la de obreros y empleados. Esto probablemente se deba a que entre 1980 y 1990 las presiones de la economía mexicana fueron tan fuertes que colocaron a las empresas frente a una encrucijada: o crecían, esto es, aumentaban las inversiones en infraestructura y modificaban su administración, o cerraban. La política económica prevaleciente en México trataba de igual manera a la gran empresa que a las micro y pequeñas.

mujeres. Datos más recientes indican que para 1993 había en México una empresaria por cada seis empresarios.[10] La información cuantitativa muestra proporciones muy distintas entre las participaciones de los empresarios y las empresarias. Las empresarias consituyen una minoría, de donde es posible inferir que su situación es de desventaja frente a sus homónimos, al menos en términos porcentuales. Los porcentajes permiten observar que tal participación ha sufrido modificaciones en los últimos veinte años. Llama sobre todo la atención que en la actualidad una menor proporción de mujeres participe en actividades empresariales, aun cuando no podamos determinar, por ahora, las causas de estos cambios. Todo esto hace evidente la urgente necesidad de analizar este fenómeno, los cambios que ha experimentado y las causas implicadas en ello. Es de fundamental importancia en los años noventa –cuando las tasas de participación femenina, en México, se ubican casi en 38%[11] en las zonas urbanas– analizar las características de la participación de la mujer en la empresa. Resulta apremiante determinar en qué ramas de la actividad económica participan las empresarias mexicanas y la manera en que lo hacen, sin descuidar, desde luego, el contexto social, empresarial y familiar en el que esto sucede.

ANTECEDENTES

Diversos estudios que se han preocupado de analizar la incorporación de la mujer a las actividades económicas y sus implicaciones

---

[10] Este dato proviene de la Encuesta Nacional de Empleo Urbano (ENEU) IV trimestre de 1993. La ENEU es una fuente de información invaluable por su fineza para acercarse al estudio de las empresarias. No obstante, de Aguascalientes y Córdoba-Orizaba no se contaba con datos para ambas zonas anteriores a 1992. Por esta razón sólo la empleo a partir de 1993. En el conjunto del trabajo mayor, del que este ensayo es parte, se analizan detenidamente las características de la participación de los hombres y las mujeres en la actividad empresarial en México, Aguascalientes y Orizaba, mediante el análisis de los microdatos de la ENEU, IV trimestre de 1993. Estos fueron proporcionados por Bryan Roberts, de Population Research Center, de la Universidad de Texas en Austin.

[11] Encuesta Nacional de Empleo Urbano, tercer trimestre de 1994. Tasa de participación femenina.

socioculturales, han encontrado que para hacerlo debe entenderse la forma en la que ella misma percibe la distinción entre las diversas esferas de su vida cotidiana y la relación entre ellas.[12] Otro grupo de trabajos se ha centrado en el análisis de las condiciones bajo las cuales una mujer adopta la decisión de participar en actividades económicas, además de desempeñar sus responsabilidades domésticas. Esto ha permitido conocer la forma en que esta participación afecta las esferas doméstica y no doméstica. Asimismo ha proporcionado información sobre la manera en que las mujeres median su relación con los actores que participan en las distintas esferas. Desde luego se ha puesto énfasis en la importancia de las percepciones de las propias mujeres y en la manera en que éstas condicionan su papel dentro del hogar. Tampoco se ha descuidado el impacto de la doble jornada sobre el total de la unidad, en términos de división de tareas y estructura de poder.[13]

Por lo que hace a la participación de la mujer en actividades empresariales, los análisis realizados en países industrializados se han preocupado por conocer las características de esa participación. Mediante una revisión de estos estudios se constata que el punto sobre el que se cuenta con mayor información sistematizada es el de las razones por las cuales la mujer ha tomado la decisión de crear su propio negocio.[14] Destacan, en el conjunto de razones mencionadas, la falta de tiempo para organizar la agenda del hogar y los hijos, así como la segregación que sufren en el trabajo. Estos análisis también han mostrado interés en el estudio de las formas de finan-

---

[12] Véase los estudios de L. Benería y M. Roldán, *The Crossroads of Class and Gender. Industrial Homework Subcontracting and Household Dynamics in Mexico City*, Chicago, The University of Chicago Press, 1987; Kathleen Gerson, *Hard Choices*, Berkeley, University of California Press, 1983; Elizabeth Jelin y María del Carmen Feijoó, "Presiones cruzadas: trabajo y familia en la vida de las mujeres", en Jelin, Elizabeth (ed.), *Del deber ser y el hacer de las mujeres*, México, El Colegio de México/ PISPAL, 1983, p. 147-234; Elizabeth Jelin, *Familia y unidad doméstica: mundo público y vida privada*, Buenos Aires, Centro de Estudios de Estado y Vida Privada (Cedes), 1984, y Teresa Valdés, *Venid, benditas de mi padre*, Santiago de Chile, Flacso, 1989.

[13] Para una revisión más amplia sobre estos temas véase Benería y Roldán 1987; Blanco 1989; De Barbieri 1984; García y Oliveira 1991, 1992, 1994; González de la Rocha 1986, 1989, 1992; y Jelín y Feijoó, 1983.

[14] Estos análisis sobre la participación de la mujer en la empresa incluyen tanto a las *entrepreneurs* como a las *self-employed*.

ciamiento durante la fase de creación y consolidación de las empresas encabezadas por mujeres.[15]

Una perspectiva interesante para el análisis y comprensión del porqué de la participación de la mujer en la actividad empresarial es la propuesta planteada por especialistas como Goffee y Scase.[16] En su estudio sobre empresarias en Gran Bretaña analizan por primera vez las características de las mujeres de empresa, sus experiencias y las razones por las cuales se incorporan a esta actividad. En su análisis estos autores tratan de determinar si la participación como de las mujeres como empresarias les permite superar las distintas formas de subordinación basadas en cuestiones de género. El estudio se basa en considerar si en el contexto de las economías capitalistas en donde persisten estructuras masculinas es posible lograr un mayor grado de autonomía personal mediante la acción individual, como diferente de la acción colectiva. Esto se relaciona con ciertos análisis realizados entre grupos minoritarios a quienes se ha ofre-

---

[15] Para una revisión de estos puntos véase los trabajos de Sue Birley, "Female Entrepreneurs: Are they Really any Different?", en *Journal Small Business Management*, núm. 27, 1989, pp. 32-37; Monica Belcourt, "A family Portrait of Canadas most Successful Female Entrepreneurs", en *Journal of Business Ethics*, núm. 9, Netherlands, Kluwer Academic Publishers, 1990, pp. 435-438; S. Cromie y John Hayes, "Towards a Typology of Female Entrepreneurs", en *The Sociological Review*, núm. 36, 1988, pp. 87-113; R. Goffee y Richard Scase, "Business Ownership and Womens Subordination: A Preliminary Study of Female Propietors", en *Sociological Review*, núm. 31, 1983 pp. 625-647 y *Women in Charge. The Experiences of Female Entrepreneurs*, Londres, George Allen and Unwin Publihers, 1985; Robert Hisrich y Candida Brush, "The Woman Entrepreneur: Management, Sills and Business Problems", en *Journal of Samll Business Management*, núm. 22, enero de 1984, pp. 31-37; Molly Longstreth, Kathryn Stafford y Teresa Mauldin, "Self-Employed Women and their Families: Time Use and Socioeconomic Characteristics", en *Jour. nal of Small Business Management*, núm. 25, julio de 1987, pp. 30-37; Dorothy Moore, *Identifying the Needs of Women Entrepreneurs in South Carolina*, Columbia, South Carolina Development Board, 1987 y "An Examination of Present Research on the Female Entrepreneur-Suggested Research Estrategies for the 1990s", en *Journal of Business Ethics*, Netherlands, Kluwer Academic Publishers, 1990, pp. 275-281; Linda Neidr, "A Preliminary Investigation of Female Entrepreneurs in Florida", en *Journal of Small Business Management*, núm. 25, julio de 1987, pp. 22-29; Sharon Nelton, "The Age of Woman Entrepreneur", en *Nations Business*, núm. 77, 1989, pp. 22-30, y Carole E. Scott, "Why More Women are Becoming Entrepreneurs", en *Journal of Small Business Management*, octubre de 1986, pp. 37-44.

[16] *Op. Cit.*

cido la propiedad de un negocio como un medio para que los miembros de estos grupos escapen de las condiciones de subordinación y logren en alguna medida su autodeterminación.[17] Apoyado en esta perspectiva, este estudio se acerca al conocimiento de las empresarias partiendo del supuesto de que constituyen una minoría que participa en una actividad económica en condiciones de desventaja, dadas las condiciones generales de la estructura.

LOS LUGARES, LAS EMPRESAS Y LAS EMPRESARIAS

El proyecto de investigación en el que se ha generado la información que nutre este ensayo se lleva a cabo en las ciudades de Aguascalientes, capital del estado del mismo nombre, así como Córdoba y Orizaba en el estado de Veracruz. Se escogieron estas dos zonas por los marcados contrastes que presentan entre ellas. Para el caso de Aguascalientes,[18] existe una larga tradición artesanal y de pequeños propietarios, tanto en la agricultura como en la industria. La conformación de esta ciudad se ha dado en torno de estos pequeños grupos artesanales ligados estrechamente a la producción, que posteriormente se convertirían en las micro y pequeñas empresas en el campo y las zonas urbanas. El desarrollo de las grandes empresas en la zona metropolitana de Aguascalientes es un fenómeno relativamente reciente, que encontró mano de obra preparada y con disposición para el trabajo asalariado fabril. En este contexto, las mujeres empresarias se han orientado fácilmente hacia el sector productivo, sobre todo hacia la confección, y hacia empresas que requieren organizaciones de pequeños propietarios.

Para la región centro de Veracruz, en cambio, la situación ha sido distinta. La gran empresa, tanto industrial como agrícola, tiene

---

[17] Véase H. E. Aldrich y R. Waldinger, "Ethnicity and Entrepreneurship", en *Annual Review of Sociology*, núm. 16, 1990, pp. 111-135, y Luis E. Guarnizo, "Going Home: Class, Gender, and Household Transformation among Dominican Returned Migrants", informe preparado para la Commission for Hemispheric Migration and Refugee Policy, Georgetown University, 1993.

[18] La zona metropolitana de Aguascalientes agrupa en 1990 los municipios de Aguascalientes, El Llano y Jesús María.

una larga trayectoria en la conurbación Córdoba-Orizaba.[19] Existe una tradición de gran empresa y en ella destacan la textil, la cervecera, la cementera, la papelera y la industria de productos químicos. En la agricultura, por su parte, es notable la agroindustria asociada a los ingenios y a los beneficios de café y arroz. En la zona han coexistido durante un largo periodo grandes unidades de producción en manos de unos cuantos socios y un enorme contingente de trabajadores –sobre todo obreros y jornaleros– con muy escasas posibilidades de convertirse en propietarios. Los grupos artesanales existen, pero en muy contadas ocasiones logran desarrollarse. Fue sólo en época reciente cuando surgió la preocupación por crear empresas de pequeña escala. En este contexto las mujeres empresarias parecen orientarse sobre todo a los sectores de los servicios y el comercio, por lo que el tipo de empresas que requieren organización entre pequeños propietarios son poco frecuentes.

Los datos censales permiten ubicar el panorama en el cual se enmarcan las actividades empresariales femeninas de las zonas analizadas. En Aguascalientes se registran cambios en la participación de las mujeres en actividades empresariales. Entre 1970 y 1990[20] la población económicamente activa[21] femenina dedicaba a actividades empresariales en la zona disminuyó sensiblemente y pasó de 9.76 a 1.43% del total. Una transformación igualmente radical sucedió con la participación de la mujer empresaria en relación con los hombres de empresa, pues para 1970 era de 21.13% y para 1990 disminuyó a 14.04 por ciento.[22]

[19] La conurbación Córdoba-Orizaba incluye los siguientes municipios: Amatlán de los Reyes, Camerino Z. Mendoza, Córdoba, Fortín, Huiloapan, Iztaczoquitlán, Río Blanco, Nogales, Orizaba, Rafael Delgado y Mariano Escobedo. La zona metropolitana de Aguascalientes y la conurbación contaban en 1990 con un número similar de habitantes.

[20] IX y XI Censo General de Población y Vivienda, Aguascalientes. IX y XI Censo General de Población y Vivienda, Veracruz.

[21] La población económicamente activa es la población de 12 años y más que en la semana anterior al levantamiento del censo se encontraba en alguna de las siguientes situaciones: había trabajado, no trabajó pero tenía trabajo, o no trabajó pero buscó trabajo.

[22] INEGI, IX y XI Censo General de Población y Vivienda.

El panorama es similar para la zona de Córdoba-Orizaba en este respecto: en 1970, 7.46% de las mujeres eran empresarias, mientras que en 1990 su participación disminuyó 1.85%. Lo mismo se observa en la población económicamente activa en actividades empresariales, en donde la participación de la mujer respecto a los hombres de empresa disminuyó de 23% en 1970 a 18% en 1990.[23]

Sin embargo, este ensayo utiliza fundamentalmente información cualitativa reunida durante dos temporadas de trabajo de campo en las ciudades de Aguascalientes y Córdoba en los meses de junio a agosto de 1994 y julio de 1995. Durante este periodo se logró entrevistar a 26 empresarias de ambas ciudades (véase anexos 1 y 2). Para ampliar la información fueron entrevistados también algunos empresarios y personas que desempeñaban puestos de dirección en los distintos organismos empresariales de ambas zonas de estudio. Para la elección de los sujetos de estudio se emplearon dos técnicas. En la primera etapa de trabajo de campo se seleccionó a las entrevistadas mediante la técnica de "bola de nieve" a partir de un pequeño grupo de contactos iniciales. La muestra obtenida se caracterizó por incluir a una amplia gama de sujetos, desde las integrantes de un núcleo inicial que mantenía relaciones de amistad, hasta aquellas que no tenían ninguna relación con las primeras. En una segunda etapa, recorrí las zonas urbanas de ambos campos de estudio y obtuve información de las empresarias y empresas que encontré en estos recorridos. Este proceso de selección de los informantes deja claro que la presente muestra carece de representatividad estadística.

Entrevisté a mujeres que, siendo propietarias o socias de una empresa, al mismo tiempo desempeñaran algún puesto directivo dentro de la misma. Procuré que todas ellas fuesen casadas, divorciadas o viudas, con o sin hijos, dado mi interés por analizar la problemática de la empresaria como responsable de dos unidades. Para ello realicé entrevistas a profundidad de hasta 45 minutos de duración con seguimientos que permitieron una o dos entrevistas

---

[23] *Idem.*

más con la misma persona cuando fue posible. El estudio deliberadamente excluye, por ahora, a las empresarias solteras, sin que esto signifique que su problemática sea menos importante que la de las mujeres casadas.

Los datos cuantitativos indican que la participación de la mujer en actividades empresariales en ambas zonas de estudio es proporcionalmente muy similar a la media nacional. Tanto para la ciudad de Aguascalientes, como para las de Córdoba y Orizaba, la proporción de mujeres que ocupan la posición de patronas es de alrededor de 15%, en tanto que los hombres representan 85%.[24] Las empresarias de ambas zonas de estudio participan en las tres principales ramas de la actividad económica aunque hay cierta especialización regional. Así, las empresarias de Córdoba y Orizaba tienden principalmente hacia las empresas de servicios, en segundo término a las de comercio y, en menor medida, a las de manufacturas. Estas últimas se dedican fundamentalmente a la producción de alimentos y bebidas. En tanto, las empresarias de Aguascalientes, aunque también participan de manera importante en los servicios y el comercio, muestran una clara tendencia hacia la formación de empresas manufactureras. Éstas se concentran, sobre todo, en la fabricación de blancos y prendas de vestir.

MUJER, EMPRESA Y HOGAR

Es un hecho que la empresaria participa en la economía en dos esferas. Por una parte, en el ámbito doméstico es la responsable y coordinadora de una unidad de consumo y reproducción; por otra en el ámbito empresarial administra y coordina una unidad productiva. Este hecho es de vital importancia porque la mujer tiene entonces una doble perspectiva sobre las necesidades de la vida cotidiana. No es posible obviar estas cuestiones al emprender un análisis, de ahí que la metodología empleada en el estudio de los empresarios hombres, resulte limitada para el caso de las mujeres,

[24] *Idem.*

puesto que sólo observa un aspecto del fenómeno. Es por ello que las distintas aproximaciones al problema deben verse como intentos por construir una metodología adecuada para el estudio de la mujer empresaria. Son intentos por hacer que emerjan las diferencias de género existentes entre empresarios y empresarias.[25]

El estudio de la participación de la mujer en las actividades empresariales debe atender una compleja mezcla de variables. Son múltiples los factores que inciden en cada etapa del proceso de formación y desarrollo de una empresa; cuando a ésta la encabeza una mujer, el número de esos factores se incrementa. Muchos de ellos ocurren simultáneamente, de ahí que en la vida real sea difícil distinguirlos, no obstante es importante tratar de separar analíticamente algunos elementos, sin aislarlos del contexto en el que suceden, pero sí analizando factores específicos que apoyan u obstaculizan las actividades empresariales encabezadas por mujeres. En este escrito me limito exclusivamente a revisar algunos de los conflictos que la empresaria suele enfrentar y la forma en que los resuelve. Considero que, por su condición de mujer inserta en estructuras dominadas por hombres, las soluciones que ella adopta tienen características específicas que se suman a la problemática general de la empresa en México.

Este ensayo intenta acercarse a la comprensión de la problemática de la mujer empresaria en México, quien participa en un mundo tradicionalmente masculino. Me interesa referirme a la manera en la cual se construyen y operan las relaciones de género de las empresarias y a la forma en que tales relaciones tienden a colocarlas en posición de desventaja frente a sus colegas hombres. Es posible distinguir tres aspectos en donde las relaciones de género tienen relevancia para el inicio y la consolidación de una unidad productiva encabezada por una mujer: *1)* durante el establecimiento y desarrollo de la empresa; *2)* en la relación entre la empresaria y el mundo empresarial, y *3)* en la administración y coordinación simultánea de dos unidades: la empresa y el hogar.

---

[25] Véase Lois Stevenson, "Some Methodological Problems Associated with Researching Women Entrepreneurs", en *Journal of Business Ethics*, núm. 9, Netherlands, Kluwer Academic Publishers, 1990, pp. 439-446.

ESTABLECIMIENTO Y OPERACIÓN DE EMPRESAS
ENCABEZADAS POR MUJERES

En los párrafos siguientes intento demostrar la existencia de razones de género que inciden en el inicio de las mujeres en actividades empresariales. En ello es evidente, entre otros elementos, el peso de una tradición cultural que obstaculiza la plena incursión de las empresarias en terrenos de dominio masculino. Estos obstáculos para la participación empresarial de la mujer afectan también el desarrollo de sus propias empresas, tanto en la administración como en su organización interna. Intento mostrar que las empresas encabezadas por mujeres enfrentan, además de la problemática económica, las dificultades relacionadas con el hecho de que sobre su propietaria pesan responsabilidades de índole doméstica. Esto significa también, sostengo, que las empresas de mujeres y las de hombres evolucionan de manera diferente, y en esta diferenciación los factores de género ocupan un lugar primordial.[26]

Las razones para elegir el camino empresarial

Dentro del grupo de empresarias entrevistadas encontré razones distintas para explicar su ingreso a la actividad empresarial. No siempre son factores únicos los que explican un cambio en su actividad económica, sino conjuntos de razones que en un momento determinado agudizan los conflictos y las orilla, de alguna manera, a modificar o reencauzar sus objetivos. Dentro de estos conjuntos de elementos es posible encontrar argumentos que aluden a posiciones de desigualdad o trato diferencial debido a su condición de mujer. Estas situaciones que obligan a las mujeres a replantear sus objetivos surgen en coyunturas específicas que ocurren en un momento determinado en el lugar donde trabajan, relacionadas con

---

[26] Este ensayo sólo se refiere a algunos aspectos de la participación empresarial. Si se desea mayor información sobre las empresas encabezadas por mujeres, las empresarias y la relación empresa-hogar, o la diferencia entre negociantas y empresarias, véase Ma. Guadalupe Serna, *Empresarias, mujeres, empresas y hogares en dos ciudades medias de México*, Guadalajara, CIESAS-U. de Guadalajara, diciembre de 1999.

el tipo de actividad que desempeñan. En ocasiones los sucesos del trabajo se combinan con eventos del hogar del que ellas son responsables, lo cual trae como consecuencia una reorientación de sus actividades económicas. Al mismo tiempo, la trayectoria personal de estas mujeres desempeña un papel clave en las decisiones que toman sobre su futuro. Insisto entonces en la multiplicidad de factores que se combinan para producir un resultado específico: la incursión de la mujer en actividades empresariales.

La segregación en el trabajo, la escasa flexibilidad de horarios, y la falta de autonomía para el desempeño profesional, fueron algunas de las razones de mayor peso que impulsaron a las empresarias entrevistadas a inclinarse por su actividad actual. Esto concuerda con los hallazgos de autores como Goffee y Scase, Cromie y Hayes, Scott, Neider, Nelton, y Londsdale, al analizar este tema.[27] Las empresarias que mencionaron éstas como razones para iniciarse en el campo empresarial generalmente habían tenido experiencias previas de trabajo en actividades de tipo profesional. En el desempeño de esas tareas sufrieron problemas de segregación, por su condición de mujeres. Estos conflictos con frecuencia obstaculizaron sus posibilidades de escalar puestos de mayor importancia en su lugar de trabajo. Un segundo grupo de razones que impulsó a las entrevistadas a incorporarse a la actividad empresarial está en relación con el conflicto generado dentro del hogar por la atención que exigía el desempeño de sus actividades profesionales. Finalmente, en un tercer grupo de casos, lo que las empujó hacia una actividad de tipo independiente fue una experiencia poco satisfactoria en su actividad profesional, combinada con presiones de tiempo para coordinar su vida hogareña.

Tres casos son ilustrativos al respecto: Paty es actualmente propietaria de un pequeño taller informal de confección de blancos y prendas de vestir, con siete años de antigüedad[28] y cinco operarias. Una vez que ella concluyó sus estudios como economista, ingresó a

---

[27] *Op. cit.*, de Susan Londsdale véase *Work and Inequality*, Londres, Longmen, 1985.

[28] Estudios llevados a cabo por el Fondo de Garantía y Fomento a la Industria Mediana y Pequeña (Fogain) en 1981, indican que cada año se inician en México alrededor de 10 000 empresas. De ellas 20% no sobrevive el primer año, 50% no

una dependencia estatal donde trabajó por espacio de ocho años. En ese lugar desempeñó de manera exitosa diversos cargos estrechamente relacionados con su profesión, lo cual le permitió finalmente ascender a una subdirección, siempre en su misma área de trabajo. Sin embargo, ciertos cambios en el equipo de trabajo de la dependencia, y con ellos un nuevo jefe, le impidieron toda posibilidad de ascenso. Con la nueva administración Paty fue relegada a desempeñar, entre otros, trabajos de tipo secretarial y de "mandadera", sin ninguna relación con su actividad profesional. La actividad empresarial, prevista por ella para un futuro lejano, fue entonces una opción inmediata y viable.

En la decisión de Paty de abandonar la labor profesional y dedicarse a la actividad empresarial influyó la certeza de que no podría continuar su ascenso en la nueva estructura. A esto se asociaron sus afanes de autonomía, pues siempre consideró que no lograría, por su condición de mujer, obtener una dirección general, independientemente de los cambios administrativos. Con esta perspectiva sobre su futuro en la burocracia, se preparaba con antelación para abandonar esa actividad profesional cuando ya no le diera satisfacciones. Paty había iniciado un pequeño taller al mismo tiempo que laboraba como profesional. Lo ocurrido en su trabajo, con el cambio de administración, y la convicción de un límite real a sus posibilidades de ascenso, la orillaron a abandonar el empleo para dedicarse de tiempo completo a la empresa, antes de lo esperado.

Un segundo caso, distinto del anterior, también interesante, se refiere a la segregación por género que no se origina estrictamente en la institución donde la mujer labora, sino que es promovida desde el hogar, generada por el propio cónyuge. Isabel es, desde hace diez años, socia de una antigua empresa de fabricación de blancos y artículos para el hogar, propiedad de su familia. Ella desempeña uno de los tres puestos directivos de la actual empresa, formada sólo por mujeres. Antes de iniciarse en la actividad empresarial tuvo una amplia experiencia de trabajo en la administración pública.

---

llega al quinto año y sólo 30% rebasa el sexto año de existencia. Señalo este dato para evidenciar que la mayoría de las empresarias entrevistadas son propietarias de unidades que se ubican en el último 30% de sobrevivientes. Se trata, entonces, de empresas exitosas en términos de sobrevivencia y empeño de sus propietarias.

Isabel se graduó como maestra de educación primaria[29] y algunos años después fue invitada a incorporarse a la administración pública. Fue ahí donde hizo su carrera como profesional, "en una de las pocas áreas que permite ocupar a la mujer puestos de dirección". Se inició como supervisora de área, vigilando el desarrollo de algunos de los proyectos que se llevaban a cabo en un programa específico, en la dependencia estatal donde trabajaba. Posteriormente obtuvo el puesto de jefa del programa educativo, responsable de la planeación y ejecución. Finalmente fue ascendida a directora de área, y se hizo cargo de varios programas. El trabajo le interesaba enormemente aunque se limitara a espacios tradicionalmente femeninos. Los problemas más frecuentes durante los diez años en que trabajó en la administración los ocasionaron algunos hombres, quienes en las reuniones de trabajo no aceptaban que una mujer pudiera opinar sensatamente sobre diversos temas. También surgieron conflictos con otras mujeres, compañeras de oficina, que pensaban que en su condición de esposa y madre no podía dedicar el tiempo necesario a su trabajo. Finalmente y de forma más constante, tuvo diferencias con su esposo, quien no aceptaba que ella participara en puestos públicos. Al final de su último periodo de trabajo le ofrecieron ser directora general de la institución donde trabajaba, pero las agudas y públicas críticas del esposo la obligaron a desistir del proyecto y a abandonar su actividad.

En este caso Isabel logró salvar los difíciles cambios que suelen presentarse de una administración a otra gracias a su excelente desempeño, aun con la segregación de que era objeto por parte de los

---

[29] Es común encontrar esta profesión entre las mujeres de ambas zonas de estudio, sobre todo entre las mayores de 40 años. Para estas edades, los casos de profesionistas con estudios universitarios son poco frecuentes, pues esto implicaba que salieran de su ciudad natal para realizar sus estudios y no era común que los padres lo permitieran. Por ejemplo, en Aguascalientes a fines de los sesenta y principios de los setenta las opciones de educación se limitaban a la Escuela Normal y en el nivel universitario a la Escuela de Contaduría y Administración. La Universidad Autónoma de Aguascalientes abrió sus puertas hasta mediados de los setenta. Lo mismo sucedió para Córdoba y Orizaba: en esa época las opciones eran limitadas, se contaba con la Escuela de Ingeniería Química de la Universidad Veracruzana, en Orizaba, lo cual significaba para las mujeres de Córdoba un diario desplazamiento. Otras opciones se encontraban en Xalapa, la capital del estado, en donde había un gran número de carreras además de la Escuela Normal.

hombres que ocupaban puestos equivalentes, pero no logró romper la barrera creada por su propio esposo. El traslado de los conflictos maritales a la arena pública, que emprendió el esposo, fue una razón de peso para excluirla del ámbito donde le interesaba desarrollarse. Después de esta fractura en sus planes, la opción empresarial, conocida por ella como la actividad de su padre, se presentó como alternativa. Ésta le permitió dedicarse a algo distinto, independiente y ajeno al círculo en el que hasta entonces había participado y alejarse de éste.

En el caso de Alejandra, la segregación en el trabajo, asociada a la necesidad de tener control sobre su tiempo para coordinar las actividades hogareñas de manera adecuada, fueron razones decisivas para que ella comenzara una actividad independiente. Actualmente es propietaria de una pequeña empresa de diseño y fabricación de muebles, iniciada hace ocho años, que cuenta con siete operarios. Después de concluir sus estudios de arquitectura,[30] trabajó durante siete años en una importante compañía de decoración donde no obtuvo reconocimiento económico o moral a pesar de su excelente desempeño. Desde su punto de vista, su condición de mujer obstaculizaba su ascenso y una mejor remuneración económica. Durante el último año que trabajó en la compañía nació su segundo hijo, y con ello aumentaron sus problemas para combinar el trabajo y las responsabilidades del hogar. Alejandra había aprendido otros oficios, entre ellos el diseño y la fabricación de muebles, por lo cual sus posibilidades de trabajo y su experiencia eran amplias. La segregación de que era objeto en el empleo, aunada a los problemas de tiempo para cumplir con sus obligaciones en el hogar y atender a sus hijos, la hicieron replantear sus propios objetivos. Vio como algo real la opción de abrir su propio negocio, que le permitiría, además, tener control sobre la organización de su tiempo. Abandonó la empresa e inició el negocio por su cuenta apoyada económicamente por su padre y su esposo.

Los problemas para distribuir el tiempo entre el trabajo profesional y las responsabilidades hogareñas, aunados a experiencias

---

[30] Ella es una de las pocas empresarias de más de 40 años con estudios universitarios realizados fuera de su ciudad natal.

de trabajo muy poco satisfactorias, son razones de peso para incorporarse a una actividad independiente. En esta nueva actividad se espera tener control efectivo del propio tiempo para distribuirlo de acuerdo con las responsabilidades de jefa de empresa, madre y esposa. Éste es el caso de Cristina, propietaria de una agencia de servicios para la gran empresa, con seis años de antigüedad y dos empleadas. Al concluir sus estudios técnicos en diseño, estuvo empleada en una agencia de publicidad durante tres años. Al final de ese tiempo se incorporó como docente a la universidad por espacio de diez años. Sin embargo, conforme la familia fue creciendo, los problemas para cumplir con sus responsabilidades profesionales y hogareñas empezaron a ser más evidentes. En busca de una mejor administración de su tiempo, Cristina se inició en una actividad independiente.

El caso de Cristina, como el de otras empresarias entrevistadas, pone en evidencia que las obligaciones y responsabilidades tradicionalmente asignadas a la mujer propician la búsqueda de otras posibilidades. La opción empresarial se percibe como la única forma de continuar en la actividad económica sin descuidar el hogar. Es importante anotar que el desempeño de esta nueva actividad no implica la certeza de éxito empresarial en el corto plazo.

Éstas son las principales situaciones en las que es posible percibir problemas relacionados con la posición de género, que empujan a las mujeres a dedicarse a actividades empresariales. Existen otras motivaciones para hacerlo, pero en ellas no se advierte un problema relacionado con el hecho de ser mujer, por lo que no las menciono aquí.

Los problemas de hacerse cargo de una empresa

Una vez que ha iniciado la empresa, la mujer tiene ante sí otro tipo de problemas para llevar adelante su proyecto. Describo aquí, de nueva cuenta, sólo aquellos que se derivan del hecho de que la cabeza de la empresa sea mujer.

Algunas de las entrevistadas se iniciaron como empresarias por necesidad, después de un evento que modificó radicalmente la estructura y la dinámica del hogar, así como sus propios planes. Éste es el caso de mujeres viudas cuyos maridos desempeñaban actividades empresariales. El primer problema que enfrentaron algunas de ellas, una vez que decidieron asumir la responsabilidad de la empresa del difunto esposo, fue la oposición familiar. La familia del esposo consideraba que ellas no debían tomar las riendas de un negocio que requería, para su administración y organización, la presencia de un hombre. La decisión final de responsabilizarse de la empresa y demostrar que era capaz de hacerlo "a pesar de su condición de mujer inexperta" implicó, en ocasiones, el alejamiento de la familia política. Dos casos[31] nos sirven de ejemplo.

El primero es el de Ana, distribuidora regional de productos para la industria de la construcción, con una casa matriz y varias sucursales. La empresa tiene 18 años de antigüedad y más de 25 empleados. Una vez casada, Ana se dedicó de tiempo completo a sus labores como dueña de casa. Ella tenía estudios como auxiliar de contador, y algunos años antes de casarse había trabajado como cajera de un banco. Ésa era su única experiencia laboral. Después de diez años de casada, enviudó y se encontró con la responsabilidad de mantener a dos hijos y tomar las riendas de una compañía que en ese momento ya contaba con tres sucursales. No tenía familiares en la ciudad en la que vivía: tanto su familia como la de su difunto esposo vivían en otra ciudad. Los inicios fueron difíciles, sobre todo porque estaba poco familiarizada con la empresa; pero, como ella misma lo dice: "era un reto que debía enfrentar, no tenía ninguna otra alternativa". Actualmente Ana es propietaria de una sólida empresa con cinco sucursales. Como directora general ha tomado cursos de actualización y se apoya en un administrador eficiente y en la firma de la cual tiene la concesión. Esto ha dado como resultado el avance de su empresa.

Otro caso es el de Luisa, propietaria de una agencia de productos químicos para apoyo a la industria, fundada hace trece años y que tiene cinco empleados. Luisa se recibió de auxiliar de contador, posteriormente inició un taller de ropa tejida de punto y trabajó algunos años, hasta que se casó. Ya casada se dedicó de tiempo com-

---

[31] Ambas mujeres son propietarias de empresas tradicionalmente dominadas por hombres.

pleto a las actividades del hogar y ocasionalmente auxiliaba a su esposo con "asuntos de la oficina". Ella se inició como empresaria en un negocio, con escasos dos años de antigüedad, que su esposo había comenzado. Luisa quedó viuda, con dos hijos muy pequeños y la responsabilidad de mantenerlos, pero además debió enfrentar a la familia política que rechazaba que ella continuara en el negocio de su esposo. La razón principal era que ese tipo de empresa, que requería de personal masculino para su operación, no podía ser manejada por una mujer. A pesar de esa fuerte oposición se hizo cargo del negocio, lo cual implicó el alejamiento de la familia del difunto esposo. Al tomar las riendas de la compañía inició los trámites necesarios para obtener la licencia que la autorizara a prestar los servicios que la empresa ofrecía. Actualmente es una de las pocas mujeres en México que prestan este tipo de servicios, en una rama en la cual la mayoría son hombres.

Algo que debe destacarse del análisis de este caso es que, al mismo tiempo que la familia política obstaculizaba los planes de Luisa, por ser mujer, ella recibía ayuda de la asociación a la que su esposo pertenecía, por ser viuda. Es posible observar que en casos como éste y el de Ana, al género lo califica el estatus marital. Aparentemente no tiene el mismo significado apoyar a una mujer soltera, casada o divorciada (condiciones voluntariamente aceptadas), que apoyar a alguien a quien el destino ha obligado a valerse por sí misma. En la mayoría de los casos de viudas entrevistadas, el apoyo que ellas han recibido de las asociacions para aprender a administrar y continuar su negocio ha sido crucial.

La organización interna de la empresa

La forma en que se organiza internamente la empresa depende, en gran parte, de quien asesora a la naciente empresaria. En muchos de los casos analizados hay un hombre o mujer con amplia experiencia en los negocios que colabora muy de cerca con ella, asesorándola sobre compras, tipos de productos, búsqueda de clientes, formas de organizarse y administrarse, etcétera. Esto quizá explique la permanencia de varias de las empresas sobre las que he recabado información. La asesoría que recibe la aprendiz de empresaria, que generalmente es la directora o gerente, cubre uno de los factores de riesgo más importantes para que una empresa fracase: la falta de capacitación de los propietarios en la etapa inicial de la empresa. Esta ayuda puede provenir del círculo de parentesco (padre, madre, hermano, esposo o pariente político), de las relaciones inmediatas de negocios (como un contador de confianza) y, a veces, de extraños con los que se entabla una relación de amistad sobre la base de esta asesoría. Sin embargo, en pocos casos las empresarias entrevistadas aceptan abiertamente que han recibido esta ayuda o dicen de quién ha provenido.

La organización interna de la empresa varía en función de distintos factores. En los casos de empresas que sólo son propiedad de una o varias mujeres, o en las que están asociadas con el esposo por invitación de ellas, las decisiones sobre compra de insumos, apertura de nuevas líneas de producción y contratación de personal son tomadas por la mujer. Ella es quien aparece como responsable directa de estas áreas y no parecen existir conflictos entre los cónyuges por estas decisiones adoptadas unilateralmente. En algunos de estos casos, por ejemplo cuando la esposa es la única propietaria o está en sociedad con otras mujeres, de hecho el esposo desconoce el funcionamiento de la empresa, su número de operarios y sus ganancias. La razón principal de este hecho es que desde la perspectiva de la empresaria se trata de su empresa, y su marido no debe tener ninguna injerencia. Por contraste, en los casos de empresas iniciadas por el esposo y en las cuales la esposa llega como socia invitada, la situación es distinta. Entonces es él quien decide sobre la forma en que se organiza y administra la empresa y quien asigna la actividad que la esposa desempeñará en la firma. Ella no tiene ninguna posibilidad de modificar el funcionamiento ni la organización de la unidad. Hallazgos muy similares son mencionados por Josephides en su estudio sobre empresarias greco-chipriotas que trabajan junto con el esposo.[32] Entre nuestras entrevistadas esta situación produce, a la larga, un conflicto que en ocasiones lleva a la disolución de la sociedad. En estos casos, quien abandona la sociedad es la mujer, por

---

[32] Sasha Josephides, "Honour, Family and Work: Greek Cypriot Women before and after Migration", en Westwood, Sallie y Parminder Bhachu (eds.), *Entreprising Women*, Londres, Routledge, 1988, pp. 28-45.

considerar que no se toman en cuenta sus opiniones, ni tiene posibilidades de incidir en el crecimiento y futuro de la empresa.

La mayor parte de las empresarias tiene problemas con los empleados de sexo masculino, aunque no exclusivamente con ellos. Todas ellas consideran que para una mujer es muy difícil mandar a los hombres, "es como si habláramos lenguajes distintos". Esto provoca que dentro de sus empresas haya gran rotación de personal, sobre todo en las pequeñas, que por sus características requieren del empleo de fuerza laboral masculina, como es el caso de algunas de las que dirigen de las entrevistadas.

El caso más evidente de problemas con los trabajadores, dentro del grupo entrevistado, es el de una importante y antigua empresa en el área de servicios. Ésta es actualmente propiedad de una mujer viuda que la heredó de su esposo, y se ha incorporado a la sociedad una de sus hijas. Desde que ella se hizo cargo de la empresa surgieron problemas con los mandos intermedios y con los empleados, ya que no aceptaban que una mujer les diera órdenes. En aquel entonces tenía una alta proporción de empleados hombres. Al paso de los años, la empresa ha crecido de manera importante y ha reorganizado también sus formas de contratación. En los mandos intermedios trabajan exclusivamente mujeres, y en los niveles más bajos hombres que están dispuestos a que una mujer los mande.

Para tratar de evitar problemas cotidianos con sus trabajadores, por su oposición a aceptar las órdenes provenientes de una mujer, otras empresas responden colocando en puestos clave o gerenciales a personas de confianza, que generalmente son hermanas, hijas o familiares muy cercanos. Posteriormente se contrata a profesionistas hombres para los mandos intermedios. La selección del personal corresponde a estos profesionales, pero supervisados siempre por la administradora general de la empresa. Con esta organización las empresarias esperan aumentar la permanencia de sus trabajadores. Para ello, parten del supuesto de que un profesional educado tiene una mayor disposición a aceptar las órdenes de una mujer.

Conscientes de su desventaja por ser mujeres frente a los operarios, las empresarias han intentado resolver estos problemas superándose profesionalmente, actualizándose, participando directamente en el trabajo a la par que sus empleados, mostrando sus capacidades y manteniendo una posición de extrema dureza frente a cualquier indisciplina.

EL DESARROLLO DE LAS EMPRESAS DE MUJERES Y SU RELACIÓN CON EL ENTORNO SOCIAL

Las empresarias enfrentan severos problemas para el desarrollo de su actividad por su condición de mujeres inmersas en una estructura predominantemente masculina. Afirmo que sus actividades empresariales se llevan a cabo en condiciones de desventaja frente a su grupo de "iguales" y que esto es en parte producto de condicionamientos culturales que reproducen de manera sistemática las desigualdades. Como mostraré en las páginas siguientes, a pesar de las evidentes desigualdades con que la mujer participa en la actividad empresarial, ésta hace uso de distintos mecanismos, en los cuales el género ocupa un papel importante para lograr cierta equidad en una estructura desigual. Mostraré también que las mujeres encuentran obstáculos a su participación en las cámaras empresariales, y que éstos derivan no sólo de una composición mayoritariamente masculina de las cámaras, sino también de la organización de los tiempos y las actividades ligada a horarios y responsabilidades incompatibles con la organización doméstica. Finalmente, subrayo que la personalidad jurídica y de crédito con que el mundo bancario y de las finanzas califica a las mujeres es también un obstáculo para el desarrollo de las empresas que ellas encabezan.

Las empresarias y su relación con los empresarios

Todas las empresarias entrevistadas ponen especial énfasis en que poseen las mismas capacidades y habilidades que los hombres para dirigir una empresa. Aún más, la mayoría de ellas considera ser más organizada y tener una mejor administración que los hombres. En estos términos no hay obstáculos para no ser iguales a los empresarios. Al mismo tiempo, también sostienen que los empresarios no las consideran sujetos capaces de dirigir y administrar empresas exitosas. En algunos casos la situación es aún más grave: para algunos empresarios entrevistados no hay propiamente empresarias; hay mujeres que abren negocios y que trabajan en ellos, pero son muy pequeños y son pocos. Lo hacen "para entretenerse: abren boutiques o tiendas de ropa de niños, o esas cosas, pero no son empresarias". Éste es un tipo de opinión más o menos generalizada entre los empresarios entrevistados. Otros consideran que hay algunos casos de mujeres que han quedado viudas cuyos esposos habían sido empresarios, y que al heredar las empresas de aquéllos, al cabo del tiempo se han vuelto empresarias exitosas. Para estos empresarios, hay muchos casos que permiten ilustrar que ciertas condiciones especiales han influido para que las mujeres encabecen empresas promovidas e iniciadas por hombres. Se advierte un particular interés por dejar claro que la actividad empresarial es un asunto de hombres y que cuando la mujer participa con éxito se debe a circunstancias fortuitas, como los casos en que quedan viudas.

Los dirigentes y gerentes de algunas cámaras empresariales, tienen una perspectiva un poco distinta de la mujer como empresaria. La mayoría de los entrevistados coincide en que existen las empresarias, aunque se encuentran circunscritas a tipos de actividad tradicionalmente considerados femeninos, sobre todo en el comercio y los servicios. Para ellos, en donde la mujer incursiona con mayor facilidad y en donde puede destacar y lograr éxito es como comerciante y prestadora de servicios. Uno de estos dirigentes camarales expresó que las mujeres llegan a la empresa porque ésta constituye una opción viable ante su imposibilidad de competir como ejecutivas, con otros profesionales, básicamente por su responsabilidad familiar.[33] Opinión que ciertamente, por ahora, no está alejada de la realidad. Otro líder empresarial expresó que es difícil pensar que lleguen a ser muy buenas empresarias, pues en nuestra sociedad las mujeres aún son responsables del hogar, de los hijos y de la atención al esposo; este hecho limita sus actividades empresariales, sobre

---

[33] Para un análisis de la problemática que presentan las mujeres ejecutivas véase Luz Gabriela Arango, Mara Viveros y Rosa Bernal, *Mujeres ejecutivas. Dilemas comunes alternativas individuales*, Santa Fe de Bogotá, Ediciones Uniandes, 1995; S. de Avelar, *op. cit.*, y Marilyn Davidson J. y Cary L. Cooper, *Shattering the Glass Ceiling. The Woman Manager*, Londres, Paul Chapman Publishing, 1992, y *European Women in Business and Management*, Londres, Paul Chapman Publishing, 1993.

todo porque éstas requieren de dedicación casi exclusiva, especialmente en la etapa inicial. Puntos de vista muy similares son expresados por mujeres ejecutivas de rango gerencial.[34]

Estas percepciones nos permiten aseverar que las mujeres que participan en la actividad empresarial tienen al menos dos problemas al incursionar en el mundo de los empresarios. El primero es una condición de "invisibilidad" frente a los empresarios, que aún conciben a la mujer como un sujeto recluido en su hogar, con espacios limitados de acción. El segundo es que aun cuando las empresarias logran cierta "visibilidad" en el mundo de los empresarios, tienen que enfrentar al mismo tiempo una serie de condicionamientos culturales que limitan su desarrollo. El peso de una tradición que asigna a la mujer la responsabilidad primera y única de la familia es un lastre muy pesado para la dedicación plena a la empresa. El mundo cotidiano de la mujer empresaria, con el banco, los empresarios, los clientes, los proveedores, el esposo y los hijos, parece empujarla de manera constante a permanecer entre los límites de la invisibilidad. Éste es, sin duda, el problema más grave que ellas deben resolver.

El panorama que enmarca la actividad empresarial de la mujer está, al mismo tiempo, plagado de severas contradicciones. Si analizamos detenidamente la perspectiva de los empresarios encontramos lo siguiente. Las empresarias son invisibles y su posible visibilidad está condicionada en parte por el hombre. Por ejemplo, la viuda de un empresario puede ser visible como empresaria siempre y cuando no se pierda de vista el motivo que dio origen a la visibilidad. Desde otro punto de vista, cuando se acepta que las empresarias se encuentran en el escenario y participan de la puesta en escena, aunque desempeñando funciones menores, entonces se asevera que efectivamente para lograr el éxito, su mejor posibilidad es el desarrollo de una empresa, es decir, la opción individual. El competido mundo de los ejecutivos parece presentar enormes obstáculos a la participación de las mujeres casadas y con hijos en las altas jerarquías.

Una vez que la mujer participa en la actividad empresarial, se sugiere que sus posibilidades de éxito son limitadas, aun desarrollando una actividad independiente. Esto es, si la mujer quiere tener

---

[34] Estas opiniones corresponden particularmente a mujeres ejecutivas solteras.

éxito debe ser empresaria, pero aquellas que participan en actividades empresariales difícilmente tienen éxito porque no pueden dedicarse plenamente a la empresa. La razón principal que obstaculiza el éxito es que las casadas y las mujeres con hijos deben cumplir obligaciones importantes en el hogar.[35] Estas actividades toman tiempo y eso impide el desarrollo de una empresa que requiere dedicación total. Desde tal perspectiva empresarial masculina no parece haber opciones reales para el desempeño de una mujer en este campo, a menos que sea viuda, ya que a ellas, como hemos visto, los empresarios parecen asignarles una categoría de género diferente. Son una especie de sujeto intermedio, son mujeres pero con responsabilidades familiares por circunstancias fortuitas del destino. En un intento por sintetizar estas posiciones, expresadas tanto por hombres empresarios como por mujeres ejecutivas, podemos decir que para ellos la mujer tiene posibilidades de participar como empresaria pero en pequeña escala, en una escala que le permita combinar todas sus responsabilidades.

La participación de la mujer en los organismos empresariales

Aunque en obvias condiciones de desventaja y a pesar de las opiniones expresadas por los hombres de empresa, las empresarias existen, participan y tratan de encontrar mecanismos para consolidar sus empresas. Uno de los espacios donde es posible observar la problemática cotidiana de una empresaria, es en su vinculación y participación en los organismos empresariales. Un número importante de empresas tanto de hombres como de mujeres pertenecen a alguna de las distintas organizaciones camarales que existen; en ellas buscan apoyo, asesoría y relacionarse con otros empresarios. Sin embargo, es poco común que la mujer participe como miembro activo de estos organismos.[36] Examino a continuación las principales razones de esto.

---

[35] De ahí la necesidad de analizar en un futuro próximo la situación de las empresarias solteras y contrastarla con la de las casadas.

[36] La información sobre la participación de la mujer en organismos empresariales se centra sobre todo en las asociaciones de la ciudad de Aguascalientes y, en menor medida, de Córdoba y Orizaba.

En México existen diversos organismos que sirven de apoyo y enlace a la actividad empresarial y que aglutinan a sus miembros atendiendo al tipo de actividad de la empresa. A pesar de esto no en todas las cámaras se cuenta con socias mujeres; de hecho, su participación se inclina más hacia las cámaras de apoyo a prestadores de servicios y comerciantes. La organización con mayor porcentaje de mujeres socias es la Cámara Nacional de Comercio (Canaco), donde la mujer ha tenido una participación más activa en puestos de vocales o presidentas de secciones especiales. Después de ésta hay otras cámaras en donde regionalmente las mujeres son importantes. Por ejemplo, en Aguascalientes, la Cámara Nacional de la Industria del Vestido (Canaive) cuenta con 20% de empresas que son propiedad de mujeres. En los 25 años de existencia de esta cámara, que al igual que las otras fue promovida por hombres, sólo dos empresarias de la industria de la confección han ocupado el puesto de vocal.[37]

En las otras asociaciones la representación de la mujer es mínima. Ejemplo de esto lo son la Cámara Nacional de la Industria de la Construcción (CNIC) y la Cámara Nacional de la Industria de la Transformación (Canacintra).[38] Actualmente, en esta última, y como suceso extraordinario, la gerencia general (el único puesto de dirección con sueldo) la ocupa una mujer ejecutiva. La Confederación Patronal de la República Mexicana (Coparmex) no cuenta con socias. En el caso del Consejo Coordinador Empresarial (CCE), organismo cúpula que aglutina a todos estos organismos camarales y las secciones especiales, sólo participan unas cuantas empresa-

[37] Esta cámara tiene la peculiaridad de haber sido producto del esfuerzo de mujeres que desde la década de los treinta trabajaban de manera formal en lo que después se convertiría en la flamante industria del bordado y la confección en Aguascalientes. De hecho, los presidentes de esta cámara han sido y son hijos de aquellas mujeres emprendedoras.

[38] Es importante mencionar que no todas las empresarias entrevistadas pertenecen a alguna cámara, aun cuando sus empresas están legalmente registradas. A pesar de que hasta el momento de la entrevista era una obligación pertenecer a alguna de ellas, esto no sucedía en muchos de los casos. En otros, en cambio, las empresarias eran socias de una o dos cámaras y de una organización gremial (por ejemplo la Asociación de Impresores).

rias, quienes generalmente tienen alguna representación y fungen como vocales.

Son excepcionales las empresarias que tienen una participación activa en las cámaras. Aun cuando un importante porcentaje de ellas son socias, no son miembros activos. Cabe anotar que no todas las empresas de mujeres están registradas en alguna cámara; algunas de reciente creación, con menos de seis años de antigüedad, no tienen interés por pertenecer a alguna. Para otras empresarias asociarse a éstas no es algo necesario, y piensan que hacerlo no reporta ninguna utilidad a su empresa. Éste es el caso de las empresas que surgen al amparo de otras unidades mayores, que generalmente se inician apoyadas por los miembros mayores de la familia y que tienen muchos años en un tipo de actividad específica.[39] Cuando una nueva empresa surge, ésta recibe apoyos de todo tipo de las empresas establecidas que la empujan; años después ella será el apoyo de otras nuevas. En estos casos los problemas que surgen son solucionados por la familia extensa. Hay otro grupo de mujeres que se ha asociado y ha participado de manera activa durante algún tiempo en alguna cámara a sugerencia de sus socios (esposos).

Finalmente, las más convencidas de que tal asociación es lo mejor para su empresa participan de manera activa, a pesar de que expresan claramente que no son tratadas como iguales por los demás socios. En sus propias palabras:

> Nosotras siempre somos las colaboradoras de los hombres, siempre en segundo o tercer lugar, pero nunca nos han dado el lugar que por derecho nos corresponde: porque si el hombre llega a ser algo es porque siempre hay una mujer, una madre o una esposa... En el caso de las cámaras (empresariales), éstas están hechas por hombres, y ahí ellos repiten su esquema de mando, de la misma manera que nuestras familias están configuradas así: el hombre manda y la mujer obedece... Cuando participamos en las cámaras, como vocales o presidentes de secciones especiales, siempre hemos sido escuchadas

---

[39] Son empresas familiares en el sentido de que se incorporan a una actividad que la familia ha desempeñado por muchos años. Estas empresas cubren poco a poco espacios distintos dentro de la misma área, sin aumentar su tamaño en forma importante. Son pequeñas unidades relacionadas entre sí vinculadas por el mercado.

con mucha atención, pero hasta ahí. Somos respetadas, nos tratan con mucha educación, pero nunca nos han dejado actuar. (Empresaria viuda, de 70 años, con hijos mayores de 35 años.)

Las empresarias que han tenido participación activa en las cámaras lo han hecho como vocales y, sólo muy recientemente, como presidentas de secciones. Siempre que participan se les trata con mucha educación y se les escucha cuando hablan. Para las empresarias mas jóvenes que participan en estas organizaciones es una nueva experiencia y los empresarios siempre hacen énfasis en lo importante que resulta su asistencia, pues "como hay alguna dama presente siempre se comportan como caballeros". Pero en todos los casos saben que para que sus propuestas lleguen a ser escuchadas deberán ser muy agresivas al defender sus puntos de vista.

Del conjunto de empresarias que se mantienen activas en alguna asociación, sólo dos de ellas han logrado llevar adelante una iniciativa promovida por ellas mismas. En su opinión, los factores clave fueron: primero, la necesidad de que se llevara adelante, pues convenía a los intereses económicos de los socios; segundo, el apoyo que promovieron algunos líderes de más alta jerarquía entre los demás socios, y tercero, una gran dureza e inflexibilidad en las negociaciones. Finalmente, con el apoyo y enlace de los otros, se logró llevar a cabo las propuestas y esto ha hecho que otros empresarios les reconozcan la capacidad de ser buenas negociadoras y empresarias.

A pesar de lo poco gratificante que resulta para algunas de estas empresarias participar en las asociaciones, lo siguen haciendo y algunas lo han hecho por más de 15 años. ¿Por qué continuar en un organismo en donde no se toman en cuenta sus propuestas? ¿Cuáles son las razones que las llevan a permanecer y luchar en organismos que las tratan con condescendencia, anulando sus capacidades? Es probable que la respuesta a esto se encuentre en la propia empresa y en los planes que la empresaria tiene para su futuro. Esto parece un tanto contradictorio; sin embargo es claro que las empresarias permanecen en las cámaras porque el hacerlo trae beneficios a sus empresas: las cámaras son centros importantes de información e intercambio de apoyos para la empresa; es en estos organismos en donde se puede obtener información sobre créditos y la manera de obtenerlos, donde puede saberse con rapidez sobre nuevos inversionistas, carteras de clientes, etcétera. Me parece entonces que las empresarias utilizan estas organizaciones y todo lo que éstas les pueden ofrecer, sacando ventaja de situaciones claramente desventajosas para ellas.

Frente a esta situación de desigualdad al participar en asociaciones empresariales masculinas, algunas mujeres buscan opciones para promover y ejecutar acciones que les parecen importantes. Éste parece ser el origen de los organismos empresariales promovidos por y para mujeres. Dentro de estos grupos se inscribe la Asociación Mexicana de Mujeres Jefas de Empresa (AMMJE), una asociación cuyos objetivos son:

> Dar a conocer y reafirmar el perfil de la empresaria mexicana, ante los organismos cúpula y el gobierno. Fomentar el intercambio de información, experiencias y conocimiento para que la mujer se forje caminos de excelencia, tanto en la empresa como en el hogar. Contribuir al desarrollo profesional por medio de conferencias y talleres de trabajo. Ampliar la red de comunicación y apoyo entre empresarias a nivel nacional e internacional, para contar con puntos de información en los mercados del nuevo orden económico mundial. (Documento inédito AMMJE, 3p.)

Asociaciones como ésta, en la que participan exclusivamente jefas de empresa, representan un espacio de acción para continuar trabajando y luchar de manera organizada por mejorar las evidentes condiciones de desventaja en que se da la participación femenina, dentro de un mundo masculino.

Problemas de crédito

Del grupo de empresarias entrevistadas, solamente una parte ha solicitado financiamiento en instituciones crediticias siguiendo las reglas establecidas por estas instituciones. El hecho de que no todas las empresas utilicen créditos "formales" depende de distintos factores, como el tipo de empresa, su tamaño y antigüedad, los proyectos de ampliación que presenta la propietaria, el soporte financiero que le ofrecen sus familiares, la propia perspectiva de la empresaria sobre lo que implica endeudarse,[40] etcétera. Sin embargo, en general puede decirse que las empresarias, quienes al iniciarse en la empresa normalmente carecen de recursos suficientes para hacerlo de manera independiente, se apoyan sobre todo en sus familiares. Algunas veces la apoyan la familia inmediata o los parientes cercanos; en otras ocasiones es el esposo quien aporta los recursos económicos. De acuerdo con la información de campo recabada, las empresarias que deciden buscar crédito en el sistema formal sólo lo hacen cuando han agotado otras vías para obtener financiamiento. Estos casos están generalmente asociados a proyectos que, por su envergadura, no pueden ser apoyados familiarmente. Cuando la empresaria requiere recursos del sistema formal de crédito, debe afrontar severos problemas asociados a su condición de mujer.

Un caso que ilustra esta problemática es el de una empresa manufacturera, dirigida por tres socias mujeres. La firma tiene más de 25 años de antigüedad, pero pasó a ser propiedad de ellas diez años atrás. Una vez que las socias tomaron la dirección de la empresa y se planificó la estrategia de crecimiento comenzaron los problemas. El primero fue la obtención de crédito. Si bien la empresa era reconocida por los ejecutivos bancarios de la localidad, no así sus nuevas propietarias. De manera persistente, al acercarse a la banca para solicitar apoyos se les sugería que invitaran a alguno de los ex socios de la empresa. Era necesario solicitar el crédito por medio de "don Fulano", quien sí era sujeto de crédito ante los ejecutivos bancarios. Las empresarias no obtendrían ningún reconocimiento del banco a pesar de la seriedad de sus propuestas, a menos que fueran avaladas por alguno de los ex socios.

Estos sucesos se repiten cada vez que una mujer decide, por sí misma o en compañía de socias, solicitar créditos a una institución bancaria. Además de los complicados y tardados trámites que cualquier empresario –independientemente de su sexo– debe pasar antes de que logre obtener un crédito, la empresaria agregará a ellos que los ejecutivos financieros no la consideran sujeto de crédito, no

---

[40] Algunas de las mujeres con quienes me entrevisté piensan que uno no debe endeudarse porque el hacerlo ocasiona problemas.

le otorgan credibilidad financiera, ni viabilidad a los proyectos que ella propone. Del conjunto de casos analizados en que la mujer solicitó crédito y lo obtuvo, la mayoría de las solicitantes fueron acompañadas por el esposo, quien figuraba como socio. Ésta es la forma que más comúnmente emplea la empresaria para obtener un financiamiento formal. Las experiencias, referidas por mujeres de empresa de las ciudades analizadas, concuerdan con lo descrito por Goffee y Scase sobre empresarias de Gran Bretaña.[41] Estos autores se percataron de que la mayor parte de las mujeres, al iniciar una empresa, no contaban con suficientes recursos propios para hacerlo, lo que las obligaba a depender de préstamos bancarios. Sin embargo los ejecutivos bancarios no consideraban con simpatía su solicitud, o bien las trataban de manera condescendiente. El estudio de Nelton, en Estados Unidos, menciona que el primer préstamo que las aspirantes a empresarias reciben proviene generalmente de sus padres, de familiares cercanos, o de ahorros propios.[42]

En otros casos de financiamiento formal de las empresarias con quienes me entrevisté, el esposo ha representado a la esposa en el banco, ante los ejecutivos financieros. Aunque todo se haga formalmente a nombre del esposo, es la empresaria la que realiza todos los trámites, las citas con los abogados, la preparación del proyecto con el contador, la recolección de las tantas cartas de recomendación (obtenidas todas de hombres de negocios amigos del esposo) y las llamadas telefónicas para verificar los avances. Cuando el crédito se logra finalmente, es claro que no se hubiera alcanzado el éxito sin el trabajo de la empresaria, pero también es evidente que el trámite tuvo curso gracias a la figura masculina que la representaba.

Otras empresarias obtuvieron su crédito, después de varios rechazos, participando de manera activa en alguna de las asociaciones empresariales. De ahí provino la información sobre la clase de créditos que se estaban otorgando, del tipo de crédito que convenía a una empresa como la de ella, y de cómo iniciar el camino y esperar pacientemente, siempre apoyadas en una asociación masculina.

Finalmente, para las empresarias que comparten la sociedad de la empresa es también viable la opción de obtener un crédito,

---

[41] Véase R. Gooffee y R. Scase, *op. cit.*
[42] Véase S. Neltón, *op. cit.*

insisto, si se siguen cuidadosamente los complicados trámites que cualquier empresario debe realizar. En estos casos el esposo es una figura importante alrededor de la cual giran las negociaciones del banco, aunque la empresa esté a nombre de la mujer y él desempeñe el puesto de administrador. Esto es similar a lo que describen Goffee y Scase para algunas empresarias inglesas. De acuerdo con sus hallazgos, las mujeres que optaron por tener socios hombres encontraron que un uso adecuado de las relaciones de género les permitía obtener ventaja de su posición de desventaja.[43]

ADMINISTRACIÓN Y COORDINACIÓN DE DOS UNIDADES:
LA EMPRESA Y EL HOGAR

La mujer empresaria enfrenta severos problemas por su doble función de coordinadora de una empresa y dueña del hogar; el género desempeña un papel fundamental en la forma en la que resuelve las contradicciones de tiempo, dedicación y recursos que reclaman ambas esferas. Para ellas, su condición de jefas de empresa se ve afectada por la de dueñas de casa. Debe subrayarse que los tiempos mismos de l a empresa están estrechamente vinculados a los ritmos de la unidad doméstica. La empresaria casada no intenta, ni tiene posibilidad de delegar responsabilidades en la empresa o en el hogar, lo cual implica el desplazamiento en distintos momentos de una a otra actividad: está sujeta a mecanismos externos de control que afectan directamente el desarrollo de la empresa. El cónyuge, aun cuando formalmente se encuentre desligado de la empresa, ejerce la autoridad desde el hogar e incide sobre el desarrollo de la misma.

Problemas de administración

En la administración de dos unidades que, para su buen funcionamiento requieren de la dedicación completa del responsable, una

---

[43] R. Gooffee y R. Scase, *op. cit.*

sufre alteraciones cuando se le dedica mayor tiempo a la otra. Éste es el caso de las empresas encabezadas por mujeres, y de los hogares cuyas responsables desempeñan actividades empresariales. Por su condición de empresarias-madres-esposas, deben ajustar los tiempos de la empresa a los tiempos del hogar, y los de éste a la empresa. Debe existir un equilibrio entre ambas responsabilidades y una excelente coordinación de las tareas en las dos esferas. Cuando se propone que ambas perduren, la empresaria debe encontrar los mecanismos adecuados para que esto suceda.

La organización y administración racional del tiempo entre la empresa y el hogar es una constante preocupación de las empresarias entrevistadas, sobre todo de aquellas que tienen hijos menores. Sin embargo, son muy pocas las que consideran que ésta es una situación que obstaculiza el desarrollo de su empresa y que debe ser modificada; para la mayoría, el cuidado y la administración del hogar continúan siendo una responsabilidad de la mujer. No hay, entre la mayoría de las empresarias entrevistadas, preocupaciones o acciones concretas que nos permitan suponer un cambio real en el desempeño de sus funciones domésticas.[44] Estas mujeres aceptan y están de acuerdo con ser los pilares del hogar y las guías de los hijos; asumen la responsabilidad de mantener un hogar unido y armónico, así como de vigilar la moral familiar; son responsables del cuidado y la atención de los hijos: deben vigilar sus tareas, cuidarlos si enferman, supervisar su alimentación, aseo, vestido, etcétera, y al mismo tiempo, coordinan las tareas domésticas y la preparación de los alimentos de la familia; también son responsables de la compra de víveres, ropa, atención médica y pagos.

Son muy pocas las empresarias que luchan por involucrar al esposo o a los hijos adolescentes en la organización doméstica. Si bien es claro que tienen problemas de tiempo para atender ambas actividades, para la mayoría de ellas el hacerlo es un hecho cotidia-

---

[44] Otros estudios han mostrado que este aspecto cambia muy lentamente. Véase, por ejemplo, Brígida García y Orlandina de Oliveira, *Trabajo femenino y vida familiar en México*, México, El Colegio de México, 1994, y Mercedes González de la Rocha, *Los recursos de la pobreza. Familias de bajos ingresos en Guadalajara*, México, El Colegio de Jalisco/CIESAS/SPP, 1986.

no, una forma de vida. Desde su perspectiva, una mujer casada es responsable de la coordinación del hogar, de atender al esposo y a los hijos, además de desempeñar sus actividades empresariales. Es por ello que muchas de estas mujeres eligieron la opción empresarial: para administrar su tiempo de manera racional, entre ambas actividades. Es una realidad y una forma de vida que respetan, reproducen y promueven. Para algunas de ellas, es un orgullo la excelente coordinación que tienen en las dos esferas de actividad, como empresarias y como madres-esposas.[45]

Las empresarias consideran que para lograr una administración eficiente de su tiempo es indispensable llevar una agenda de trabajo bien organizada, "que debe estar siempre en el escritorio de trabajo". El tenerla y ajustarse a ella es un requisito necesario para una sana administración del tiempo. Sin embargo, en la práctica, una agenda de trabajo bien organizada no parece garantizar el éxito en todos los casos. Existen otros elementos que influyen en la organización de ambas unidades; uno de éstos es la atención de los hijos menores, al mismo tiempo que se administra una empresa. Los hijos requieren cuidados, sobre todo en los primeros años de vida. Es necesario destinarles tiempo en ocasiones no previsibles (como cuando se enferman), y si esto se combina con la dirección de una empresa joven, los obstáculos para lograr una coordinación eficiente son aún mayores.

Obstáculos y arreglos para la coordinación

De acuerdo con la información recabada hasta ahora, es posible afirmar que el desarrollo de una empresa parece estar estrechamente ligado a los tiempos del hogar del que la mujer es responsable. En ocasiones las necesidades de este último obstaculizan el desempeño de un proyecto empresarial exitoso.

---

[45] Esto nos recuerda los hallazgos de De Barbieri sobre la participación de las mujeres de los sectores medios en actividades remuneradas. Véase Teresita de Barbieri, *Mujeres y vida cotidiana.* Estudio exploratortio en sectores medios y obreros de la ciudad de México, México, sep80/Fondo de Cultura Económica, 1984.

Intentaré apoyar esta afirmación mediante la exposición de dos situaciones distintas en las que se ha iniciado una empresa. El propósito es observar cuáles son los mecanismos que emplea la empresaria para coordinar ambas unidades y la manera en que esta organización debe ajustarse a los tiempos del hogar. La primera situación y la más común entre mis entrevistadas, es la de quienes se inician en estas actividades teniendo hijos recién nacidos o de corta edad (entre 0 y 9 años). La segunda situación, poco común y opuesta a la anterior, es la de empresarias solteras, que permanecen sin hijos después de formar un hogar.[46]

Lo más importante para las mujeres que se inician o participan en la actividad empresarial teniendo hijos pequeños es planear adecuadamente la organización de ambas unidades. En todos los casos, ellas continúan como jefas únicas de la empresa y responsables del hogar. Es en este último, es donde aplican las primeras acciones para lograr eficiencia organizativa, que incluyen la contratación de personal para desempeñar las labores domésticas, lo cual permite a la empresaria limitarse exclusivamente al papel de coordinadora del hogar. Sin embargo, si por cualquier razón carece de auxiliar doméstica, ella deberá realizar las tareas y buscar un remplazo inmediato.

Resulta más difícil organizar el cuidado de los hijos menores y no siempre se cuenta con ayuda para ello. En este caso la empresaria se ocupa del hijo menor al mismo tiempo que supervisa los trabajos del negocio. Algunas cuentan con el apoyo de parientes cercanos (madre o tía generalmente), quienes atienden a los hijos pequeños cuando ellas tienen que abocarse a algún compromiso de trabajo. Ésta es una de las formas más comunes de atención a los hijos. Finalmente, aunque esto no era posible hasta hace relativamente pocos años, otras mujeres dejan a sus hijos menores en guarderías.[47]

---

[46] En las dos situaciones que se analizan, las mujeres se involucran en la actividad empresarial contando con el "apoyo moral" del esposo.

[47] El sistema de guarderías en Aguascalientes, Córdoba y Orizaba se creó al inicio de la década de los ochenta y ha tomado tiempo el que las mujeres empleen este servicio de manera cotidiana. En esto influye la manera de pensar de la propia madre acerca de quién debe cuidar a los hijos y la posición del esposo respecto a esto.

La coordinación del hogar y la administración de la empresa en estas condiciones tienen como consecuencia la "marcha lenta"[48] de la última, en razón del poco tiempo destinado a su desarrollo. Generalmente la mujer dedica una parte de la mañana y otra de la tarde a la actividad empresarial. En ocasiones, cuando los hijos duermen, realiza de nuevo actividades que tienen que ver con su negocio. Este sistema de trabajo evita conflictos con el esposo por la posible falta de atención al hogar, pero tiene el inconveniente, para un negocio, sobre todo en la etapa de arranque, de que el tiempo que se le destina es irregular.

Tales son los arreglos generales de la primera situación analizada. Sobre esta base hay dos formas distintas en que se desarrolla la empresa, las cuales dependen de la empresaria y sus arreglos con el esposo. Esto lleva a que las empresas tomen direcciones y desarrollos distintos. Para algunas empresarias el negocio es un asunto particular en el cual el esposo no debe involucrarse. Es "su empresa" y, como tal, el cónyuge debe permanecer ajeno a ella. La decisión de mantener una separación en las actividades económicas de ambos implica que ella debe atender al mismo tiempo el hogar y la empresa, con la conciencia de que "su obligación fundamental" es el primero. Al observar el conjunto de actividades que desarrolla es posible darse cuenta de que en la práctica parece dedicarse principalmente al hogar, mientras que la empresa se sitúa en un segundo plano. En estos casos el negocio se mantiene con una cartera de clientes muy reducida, sobre todo clientes locales, y no amplía ni diversifica sus actividades. Lo mismo sucede con aquellas empresarias que son socias de empresas ya establecidas. Cuando surgen conflictos hogareños derivados de una atención mayor a la empresa, es el esposo el primero en objetar las actividades de su mujer.

---

[48] Por *marcha lenta* entiendo que la empresa no busca expandir de manera significativa su mercado, no amplía sus líneas de producción y no se capacita para ejercer una función empresarial. Excluyo deliberadamente el incremento en el número de operarios como muestra de un buen crecimiento de la empresa. En muchos casos las microempresas deciden racionalmente, como estrategia, crecer lentamente (en un crecimiento por etapas), sin aumentar el numero de operarios, pero diversificando sus actividades de manera importante y consolidando sus mercados.

Estos problemas pueden en ocasiones, provocar indirectamente el cierre de la empresa, por falta de atención y cumplimiento de sus compromisos de mercado. Si la empresa logra avanzar y consolidarse, aunque sea dentro de márgenes limitados, es probable que se amplíe cuando los hijos hayan crecido y las demandas del hogar sean menores. En los casos analizados, se nota que el tiempo destinado a la empresa aumenta conforme los hijos crecen.

En contraste con el tipo de desarrollo de la empresa hasta aquí reseñado, existe otro tipo de empresarias que no excluye al esposo de su negocio, quienes desde el inicio involucran en el proyecto al esposo. Discuten con él las bondades de la empresa, lo invitan a tomar parte en ella y lo hacen partícipe de sus problemas. No obstante, esto no quiere decir que sus responsabilidades en el hogar sean menores. Finalmente, con el paso del tiempo (uno o dos años) el esposo acaba por integrarse a la empresa como socio. Esta decisión ha implicado, en todos los casos analizados, el abandono de la actividad profesional.[49] En la mayoría de los casos el nuevo socio participa en la empresa como representante comercial. Estas acciones parecen facilitar un crecimiento más rápido de la empresa por dos motivos: primero, el nuevo socio y esposo disminuye sus exigencias en el hogar y, segundo, al integrarse como socio y representante comercial, ayuda a la consolidación de la empresa. Él es responsable de ampliar la cartera de clientes fuera del ámbito local. En el hogar, él acepta que la esposa recibe el auxilio de otras personas y, en menor medida, que los hijos sean atendidos por alguien distinto de la madre. Colabora en ocasiones cuidando a los hijos mientras la esposa trabaja en el negocio, aunque en ningún caso se responsabiliza de las actividades domésticas; éste continúa siendo un asunto femenino. Esta variante de socios-esposos, con acuerdo mutuo de "colaboración", parece resultar benéfica para la empresa. En la trayectoria de la empresa se perciben cambios importantes

---

[49] El caso extremo utilizado para convencer al esposo de la viabilidad del proyecto y de asociarse a él fue el de una empresaria, quien después de un año de pláticas con su esposo –profesional asalariado– decidió tomar una medida drástica. Al recibir el cheque de la quincena del esposo lo guardó. En la siguiente quincena le devolvió íntegro el cheque anterior, mostrándole que los gastos completos de la casa habían sido generados por la actividad empresarial.

con el ingreso del nuevo socio: se empieza a ampliar, se solicita financiamiento, se invierte en infraestructura, etcétera.

Esta variante del trabajo empresarial en colaboración conyugal tiene algunas contradicciones importantes. Por una parte, con la inclusión del esposo en la empresa, ésta crece y se desarrolla. En ella el esposo tiene un papel subordinado, pues la jefa continúa siendo la mujer. Sin embargo, al mismo tiempo, en el hogar el esposo mantiene su jefatura, y ésta le permite ejercer poder de manera indirecta sobre la esposa y sobre la empresa. Es evidente, entonces, el peso del esposo y la autoridad que éste mantiene en las dos esferas de actividad de la empresaria. Otro punto que debe mencionarse es que esta situación pone al descubierto, una vez más, las condiciones de desventaja en que operan las empresarias. Cuando su interés es llevar a cabo un proyecto que consideran viable, en este caso un proyecto empresarial, ellas deben "trabajar" de manera intensa para demostrar la validez del proyecto; ello significa que, para las empresarias, el llegar a ser sujetos de credibilidad implica la necesidad de demostrar, en este caso al esposo, que el negocio que han emprendido puede generar ganancias suficientes para la manutención de la familia.

Este problema aparece claramente al observar las empresas y hogares de mujeres viudas o divorciadas. En estos casos ambas unidades tienen la misma jefatura y las decisiones sobre los asuntos concernientes a hogar y empresa se concentran en una sola persona, la madre-empresaria. En el conjunto de casos de este tipo, las empresarias, al igual que sus colegas anteriormente descritas, intentan equilibrar la atención que brindan a la familia y al negocio. Estas empresarias se auxilian también de personal de servicio para las tareas domésticas y, en la mayor parte de los casos, reciben ayuda para el cuidado de los hijos de una familiar muy cercana. Sin embargo, a diferencia de los casos anteriores, parece haber un desplazamiento del hogar hacia un segundo plano y la percepción de la empresa como el proyecto clave. La empresa es, para ellas, la única manera de mantener a su familia: no cuentan con otras posibilidades económicas de ayuda, ni existe la posibilidad de que otro miembro de la familia obtenga un ingreso. Por este motivo las empresarias viudas o divorciadas dedican una gran parte de su tiempo a las actividades empresariales y a la consolidación de ese proyecto.

Al mismo tiempo, estas mujeres no conciben a su familia en los mismos términos que cuando hay un esposo. Ellas no tienen obligaciones como esposas. Los siguientes comentarios de una empresaria viuda ilustran al respecto:

> Nosotros no somos una familia tradicional, como se piensa una familia: aquí no hay papá... Los hijos, para mí, no son tan importantes; es decir, sí lo son, pero en cuanto a comida y eso, no son como un esposo; a los hijos cualquier cosa les das de comer y te las arreglas. (Empresaria viuda, de 47 años, con hijos mayores de 18 años.)

Sería importante profundizar en estas diferencias en hogares con un solo responsable, ya que la empresa avanza y parece estar menos sujeta a los tiempos del hogar.

El segundo caso es el de empresas que se inician antes de que se formalice una relación de pareja. La joven empresaria dedica su tiempo exclusivamente a su proyecto, y una vez casada parece que son necesarios dos acuerdos previos con su pareja para continuar con la empresa. El primero es la aceptación, por el esposo, del proyecto empresarial de la mujer y de la viabilidad del mismo. El segundo, de índole hogareña, es la aceptación de un periodo razonable, antes de que lleguen los hijos. Una vez establecidos estos arreglos previos, la nueva esposa-empresaria debe asumir su responsabilidad como coordinadora del hogar, al mismo tiempo que administra la empresa. El matrimonio conduce directamente a la mujer a la doble jornada de trabajo.

Luego, en el hogar, la principal responsabilidad de la mujer es la ejecución de las tareas domésticas, por una parte, y la atención al marido, por la otra. Ambas responsabilidades son llevadas a cabo por ellas mismas y, durante esta fase, no contratan ayuda doméstica. Generalmente se ocupan de las labores del hogar (elaboración de los alimentos, lavado, planchado y aseo de la casa) por las noches y durante el fin de semana, procurando que no interfieran con la actividad de la empresa, a la cual le dedican seis días de la semana. En ocasiones el esposo colabora en alguna actividad del hogar, pero sin adquirir responsabilidad posterior de esa tarea. El desarrollo y crecimiento de la empresa se realiza en periodos más cortos que en los casos anteriores, puesto que la dedicación es mucho mayor. De manera indirecta el esposo apoya el proyecto, auxiliando con trámites y solicitudes de financiamiento, lo cual, a la larga conduce a que la empresa se amplíe y consolide de manera importante.

Finalmente debo subrayar que lo que he analizado hacer ver la importancia de la familia nuclear, en particular de los hijos, en la formación y el desarrollo de la empresa. Todo parecería indicar que, debido a la doble jornada de trabajo de las empresarias, sus proyectos tienden a desarrollarse mucho más rápidamente en relación directa con la ausencia de los hijos o, cuando los hay, de su crecimiento.

CONCLUSIONES

Este ensayo tiene como propósito profundizar en el conocimiento de las relaciones de género entre mujeres casadas, viudas o divorciadas con hijos, que participan en actividades empresariales. Para llevar a cabo el análisis de la forma en que se construyen y operan estas relaciones me centré en tres aspectos distintos de la actividad de las empresarias: formación y operación de la empresa, vinculación con el entorno de negocios, y coordinación paralela de una unidad de producción y una unidad de reproducción. Esto permitió aislar los elementos relevantes para cada una de ellas, sin perder de vista el contexto en el que se originan estas relaciones de género. Al mismo tiempo, fue posible poner en evidencia la importancia que el hogar tiene en el desarrollo de la empresa y de qué manera ambas unidades se encuentran estrechamente vinculadas y mutuamente interrelacionadas.

Los hallazgos más importantes que a mi juicio contribuyen a la comprensión y el conocimiento de la participación de la mujer en actividades de tipo empresarial pueden resumirse en cuatro puntos.

En primer lugar debe destacarse la multiplicidad y complejidad de factores que intervienen para que una mujer perciba como viable el camino empresarial. Se pudo constatar que esta ruta es más factible para aquellas que vivieron la segregación de forma evidente, cuando fueron limitadas en sus posibilidades de ascenso profesional por cuestiones de género. Sin embargo, para convertirse en empresarias, aquellas mujeres que tropezaron con el "techo de cristal" deben, además, tener afán de autonomía. La opción empresarial es en ese momento un medio para escapar de las condiciones de subordinación y lograr la autodeterminación; esta estrategia es similar a la que han seguido en otros contextos grupos minoritarios marginalizados. El sendero empresarial puede también presentarse como la mejor opción porque está enraizado en una tradición familiar, como se advierte en algunas trayectorias ocupacionales de las empresarias.

En concordancia con los hallazgos de otros autores encontré que la mujer opta por la actividad empresarial como una forma de tener control de su tiempo para distribuirlo entre el hogar y la empresa. La mayoría de las entrevistadas considera que es su responsabilidad coordinar y administrar el hogar y atender a los hijos, de ahí que se consideren obligadas a tener una vida económica activa que les permita hacer compatibles ambas responsabilidades.

Un segundo punto que me interesa destacar es la desigual relación que guardan las empresarias respecto de sus colegas hombres; encontré que ellas deben resolver dos problemas de manera cotidiana al desarrollar sus actividades: primero la condición de "invisibilidad" que las coloca en nichos específicos de estas actividades económicas, con barreras evidentes que impiden su desarrollo, y segundo, tras hacerse visibles, afrontar una serie de condicionamientos culturales que limitan su crecimiento. Al analizar las asociaciones empresariales y la participación de las empresarias resultó obvio el estrecho margen de acción con que cuentan para incursionar en estos organismos de manera constante y fructífera. Tales limitantes surgen, por una parte, en razón de las características de las propias organizaciones y, por la otra, debido a las responsabilidades de orden doméstico que deben asumir las mujeres a la par de su actividad económica.

En tercer lugar debe subrayarse la problemática que enfrentan las empresarias en su doble papel de coordinadoras de dos unidades: el hogar y la empresa. Al incursionar en este problema encontré que para la empresaria el cuidado de los hijos y la administración del hogar constituyen responsabilidades primarias a las que se subordina el desempeño de su actividad económica. Hay una correlación entre los tiempos de la empresa y los del hogar. Sin embargo, cuando los tiempos del hogar no se ajustan a los de la empresa, esta última es la que se ve limitada, en espera de que las necesidades del hogar se modifiquen. La empresa en estas condiciones se ajusta al ciclo de desarrollo de la unidad doméstica. Esto es manifiesto cuando se combinan una empresa joven y un hogar con hijos menores.

Al profundizar en el análisis de este entrecruzamiento de tiempos entre ambas unidades emergieron las diversas estrategias a que recurre la empresaria para avanzar en el camino empresarial. La más importante, a mi juicio, es la incorporación del esposo a la sociedad empresarial. Desde luego esta estrategia obliga a la empresaria, durante el periodo de "prueba", a dedicar el mayor tiempo posible al proyecto empresarial, pero sin descuidar el hogar. Esto es, sin duda, una real y extenuante doble jornada de trabajo.

Finalmente, al analizar las distintas formas de organización de la empresaria y la mutua interrelación que guardan el hogar y la empresa, se puso al descubierto el control que, desde el hogar, ejerce el esposo sobre el desarrollo de la empresa. Es evidente que el esposo extiende su autoridad a las dos esferas de actividad de la empresaria. El peso de sus juicios y decisiones incide directamente sobre las posibilidades de desarrollo de la empresa, lo cual evidencia las condiciones de desventaja en que operan estas unidades productivas. Lo anterior resulta aún más claro al observar la forma en que operan y se desenvuelven los hogares con una sola responsable. No obstante, habrá que profundizar en el análisis de hogares y empresas de mujeres viudas y divorciadas antes de afirmar tajantemente que el éxito de una empresa encabezada por una mujer sólo es posible en contextos sociales y domésticos libres del control masculino.

Anexo 1
Resumen de las características generales
de las empresarias entrevistadas

Empresaria	Edad (años)	Estado civil	Escolari-dad (años)	Profesión	Núm. de hijos	Edad de los hijos
Paty	35	Casada	17	Economista	4	14, 9, 8 y 1
Isabel	41	Divorciada	12	Maestra de educacióin física	2	15 y 14
Alejandra	43	Casada	17	Estudios de arquitectura	2	16 y 11
Cristina	37	Casada	17	Técnica en diseño gráfico	3	8, 6 y 4
Ana	47	Viuda	9*	Auxiliar de contador	2	22 y 17
Luisa	38	Viuda	9**	Auxiliar de contador	2	14 y 12
Angelita	70	Viuda	9	Auxiliar de contador	8	+ de 35
Martha	39	Casada	11		3	16, 8 y 5
Gloria	28	Casada	17	Licenciada en pedagogía	0	
Herminia	44	Casada	9	Auxiliar de contador	3	18, 15 y 10
Luz María	37	Casada	17	Ingeniera química	2	10 y 8
Eva	36	Casada	13	Secretaria eje-cutiva	3	14, 11 y 7
Imelda	44	Separada	9	Auxiliar de contador	5	24, 22, 17 y 12***
Elisa	50	Viuda	9	Secretaria	2	21 y 20
Carolina	36	Casada	12	Secretaria bilingüe	2	18 y 4
Estela	42	Casada	9		1	10

Anexo 1 (conclusión)

Empresaria	Edad (años)	Estado civil	Escolaridad (años)	Profesión	Núm. de hijos	Edad de los hijos
Natividad	50	Viuda	9	Secretaria	5	26, 24, 19, 12 y 7
Eugenia	34	Divorciada	13	Educadora	3	12,10 y 8
Yolanda	33	Casada	12		3	11, 8 y 2 meses
Elena	40	Casada	17	Pedagoga	3	20, 18 y 14
Lorena	40	Casada	19	Administradora de empresas	2	11 y 10
Rosa María	30	Casada	15	Estudiante de contabilidad	2	7 y 4
Rosario	44	Casada	9		4	18, 17, 13 y 9
Carmen	36	Casada	13	Maestra de educación primaria	3	11, 9 y 7
Ventura	90	Viuda	4		10	+ de 35
Margarita	43	Casada	9		4	19, 16 y 14

*Realizó cursos de alta dirección empresarial en la ciudad de México.
** Realizó cursos para obtener la licencia del ramo al que la empresa pertenece.
*** Un hijo falleció.

Anexo 2
Resumen de las características de las empresas consideradas

Rama de actividad económica	Antigüedad de la empresa (años)	Años de participar en la empresa	Número de empleados	Tipo de sociedad
Industria de la confección	7	7	5	Única propietaria

Anexo 2 (continuación)

Rama de actividad económica	Antigüedad de la empresa (años)	Años de participar en la empresa	Número de empleados	Tipo de sociedad
Industria de la confección	25	10*	30	Tres socias
Fabricación de muebles	8	8	7	Única propietaria
Servicios de publicidad	6	6	2	Única propietaria
Servicios a la industria	18	9	25	Propietaria de la concesión
Servicio a las empresas	13	11	5	Única propietaria
Servicios	40	20	35	Propiedad familiar
Comercio y servicios	36	20	105	Propiedad familiar, 4 socios
Servicios educativos	4	4	21	Única propietaria
Industria de la confección	25	22	30	Tres socias
Industria de alimentos	10*	9	11	Sociedad con su conyuge
Servicios a empresas	4	4	2	Única propietaria
Comercio	30	6	9	Única propietaria
Comercio	11	11	1	Única propietaria
Industria de la confección	38	12**	6	Única propietaria
Servicios	22	10	5	Propiedad familiar
Servicios educativos	2	2	3	Dos socias
Servicios	16	16	16	Propiedad familiar, 4 socios

Anexo 2 (conclusión)

Rama de actividad económica	Antigüedad de la empresa (años)	Años de participar en la empresa	Número de empleados	Tipo de sociedad
Servicios	2	2	2	Única propietaria
Industria de la confección	8	8	6	Sociedad con sus cónyuge
Industria de alimentos	8	8	9	Sociedad con su cónyuge
Industria de la confección	6	6	7	Sociedad con su cónygue
Industria de la confección	60	60	15	Única propietaria
Industria de la confección	22	22	22	Sociedad con su cónyuge

* La empresa fue traspasada a nuevos propietarios a fines de 1995.
** Esta empresa ha sufrido muchos cambios. mi entrevistada ha estado al frente de ella de manera ininterrumpida los últimos 12 años.

BIBLIOGRAFÍA

Aldrich, Howard y Roger Waldinger, "Ethnicity and Entrepreneurship", en *Annual Review of Sociology*, núm. 16, 1990, pp. 111-135.

Arango, Luz Gabriela, Mara Viveros y Rosa Bernal, *Mujeres ejecutivas. Dilemas comunes alternativas individuales*, Santa Fe de Bogotá, Ediciones Uniandes, 1995.

Avelar, Sonia de, "Gender Inequality in Management, Business, and Employment Associations in Brazil: A Report on the Glass Ceiling", ponencia presentada en el XIII Congreso Internacional LASA, Atlanta, GA, marzo de 1994.

Barbieri, Teresita de, *Mujeres y vida cotidiana. Estudio exploratortio en sectores medios y obreros de la ciudad de México*, México, SEP 80/Fondo de Cultura Económica, 1984.

Benería, L. y M. Roldán, *The Crossroads of Class and Gender. Industrial Homework Subcontracting and Household Dynamics in Mexico City*, Chicago, The University of Chicago Press, 1987.

Birley, Sue, "Female Entrepreneurs: Are they Really any Different?", en *Journal of Small Business Management*, núm. 27, 1989, pp. 32-37.

Belcourt, Monica, "A Family Portrait of Canada's most Successful Female Entrepreneurs", en *Journal of Business Ethics*, núm. 9, Netherlands, Kluwer Academic Publishers, 1990, pp. 435-438.

Blanco Sánchez, Mercedes, "Patrones de división del trabajo doméstico: un estudio comparativo entre dos grupos de mujeres de sectores medios", en Oliveira, Orlandina de (ed.), *Trabajo, poder y sexualidad*, México, El Colegio de México-PIEM, 1989, pp. 133-158.

Chant, Sylvia, *Woman and Survival in Mexican Cities: Perspectives on Gender, Labour Markets and Low-Income Households*, Manchester, Manchester University Press, 1991.

Cromie, S. y John Hayes, "Towards a Typology of Female Entrepreneurs", en *The Sociological Review*, núm. 36, 1988, pp. 87-113.

Davidson J., Marilyn y Cary L. Cooper, *Shattering the Glass Ceiling. The Woman Manager*, Londres, Paul Chapman Publishing, 1992.

——, *European Women in Business and Management*, Londres, Paul Chapman Publishing, 1993.

Fried, Lisa, "A New Breed of Entrepreneur-Women", en *Management Review*, núm. 78, 1989, pp. 18-25.

Fondo de Garantía y Fomento a la Industria Mediana y Pequeña (Fogain) y Nacional Financiera (Nafinsa), *Informe anual 1981*, México, Fogain/Nafinsa, 1981.

García, Brígida y Orlandina de Oliveira, "El significado del trabajo femenino en los sectores populares urbanos", ponencia presentada en el seminario "Mercados de trabajo: una perspectiva comparativa", El Colegio de México/El Colegio de la Frontera Norte/Fundación Friedrich Ebert, 23 a 26 de octubre de 1991.

——, "Trabajo femenino y cambios económicos en México: 1976-1987", trabajo presentado en la conferencia "Sociodemographic Effects of the 1980's Economic Crisis in México", Austin, Universidad de Texas, abril de 1992.

——, "Relaciones de género en familias de sectores medios y populares urbanos en México", trabajo presentado en la conferencia "Engendering Wealth and Wel-Being", San Diego, Centro de Estudios Latinoamericanos e Ibéricos, Universidad de California, 17 a 20 de febrero de 1993.

——, *Trabajo femenino y vida familiar en México*, México, El Colegio de México, 1994.

Gerson, Kathleen, *Hard Choices*, Berkeley, University of California Press, 1985.

Goffee, R. y Richard Scase, "Business Ownership and Women's Subordination: A Preliminary Study of Female Proprietors", en *Sociological Review*, núm. 31, 1983, pp. 625-647.

EMPRESARIAS Y RELACIONES DE GÉNERO   137

——, *Women in Charge. The Experiences of Female Entrepreneurs*, Londres, George Allen and Unwin Publishers, 1985.

González Montes, Soledad (coord.), *Mujeres y relaciones de género en la antropología latinoamericana*, México, El Colegio de México, 1993.

——, "Crisis, economía y trabajo femenino en Guadalajara", en Oliveira, Orlandina de (ed.), *Trabajo, poder y sexualidad*, México, El Colegio de México-PIEM, 1989, pp. 159-176.

González de la Rocha, Mercedes, *Los recursos de la pobreza. Familias de bajos ingresos en Guadalajara*, México, El Colegio de Jalisco/CIESAS/SPP, 1986.

——, "Los matices de la diferencia: Patrones de organización doméstica entre los sectores medios y los sectores populares urbanos", ponencia preparada para la conferencia "Sociodemographic Effects of the 1980's economic crisis in Mexico", Austin, University of Texas at Austin, abril de 1992.

——, "Reestructuración social en dos ciudades metropolitanas: un análisis de grupos domésticos en Guadalajara y Monterrey", ponencia presentada en el XVIII Congreso Internacional de LASA, 10 a 12 de marzo de 1994.

——, *The Resources of Poverty. Women and Survival in a Mexican City*, Blackwell Oxford, UK, 1994.

Guarnizo, Luis E., "Going Home: Class, Gender, and Household Transformation among Dominican Returned Migrants", informe preparado para la Comision for Hemispheric Migration and Refugee Policy, Georgetown University, 1993.

Hisrich, Robert D. y Candida Brush, "The Woman Entrepreneur: Management, Skills and Business Problems", en *Journal of Small Business Management*, núm. 22, enero de 1984, pp. 31-37.

Instituto Nacional de Estadística, Geografía e Informática, "Mujedatos", en Encuesta Nacional de Empleo Urbano (ENEU), Aguascalientes, INEGI, IV trimestre, 1993.

Jelin, Elizabeth, *Familia y unidad doméstica: mundo público y vida privada*, Buenos Aires, Centro de Estudios de Estado y Vida Privada (Cedes), 1984.

——, y María del Carmen Feijoó, "Presiones cruzadas: trabajo y familia en la vida de las mujeres", en Wainerman, Catalina, Jelin, Elizabeth (comps.), *Del deber ser y el hacer de las mujeres: dos estudios de caso en Argentina*, México, El Colegio de México/PISPAL, 1983, pp. 147-234.

Josephides, Sasha, "Honour, Family and Work: Greek Cypriot Women before and after Migration", en Westwood, Sallie y Parminder Bhachu (eds.), *Entreprising Women*, Londres, Routledge, 1988, pp. 28-45.

Kovalainen, Anne, "Women Entrepreneurs in Finland 1960-1985", en

Sociological Abstracts, International Association Conference Paper, 1990.

Londsdale, Susan, *Work and Inequality*, Londres, Longmen, 1985.

Longstreth, Molly, Kathryn Stafford y Teresa Mauldin, "Self-Employed Women and their Families: Time Use and Socioeconomic Characteristics", en *Journal of Small Business Management*, núm. 25, julio de 1987, pp. 30-37.

Moore, Dorothy, *Identifying the Needs of Women Entrepreneurs in South Carolina*, Columbia, South Carolina Development Board, 1987.

———, "An Examination of Present Research on the Female Entrepreneur-Sugested Research Estrategies for the 1990's", en *Journal of Business Ethics*, Netherlands, Kluwer Academic Publishers, 1990, pp. 275-281.

Neider, Linda, "A Preliminary Investigation of Female Entrepreneurs in Florida", en *Journal of Small Business Management*, núm. 25, julio de 1987, pp. 22-29.

Nelton, Sharon, "The Age of Woman Entrepreneur", en *Nation's Business*, núm. 77, 1989, pp. 22-30.

Scott, Carole E., "Why More Women are Becoming Entrepreneurs", en *Journal of Small Business Management*, octubre de 1986, pp. 37-44.

Serna Pérez, Ma. Guadalupe, "Entrepreneurship, Women's Roles and the Domestic Cycle. Women Perspectives on Domestic and Extradomestic Work in Aguascalientes Middle Class", en *Report*, The University of Texas at Austin, 1994.

———, "La mujer frente al trabajo: análisis de los significados entre empresarias de Aguascalientes", en *Anuario de Estudios Urbanos*, Universidad Autónoma Metropolitana-Azcapotzalco, 1995.

———, *Empresarias, mujeres, empresas y hogares en dos ciudades medias de México*, Guadalajara, CIESAS/Universidad de Guadalajara, diciembre de 1999.

Stevenson, Lois, "Some Methodological Problems Associated with Researching Women Entrepreneurs", en *Journal of Business Ethics*, núm. 9, Netherlands, Kluwer Academic Publishers, 1990, pp. 439-446.

Valdés, Teresa, *Venid, benditas de mi padre*, Santiago de Chile, Flacso, 1989.

Torrance, Juanita A., "La empresaria venezolana", ponencia presentada en el XIII Congreso Internacional LASA, Atlanta, GA, marzo de 1994.

Zabludovsky, Gina, "Mujeres empresarias y derechos económicos en México", ponencia presentada en el XIII Congreso Internacional LASA, Atlanta, GA, marzo de 1994.

MUJERES EN LOS NEGOCIOS
Y MUJERES DE NEGOCIOS*

PATRICIA ARIAS**

A la memoria de Verónica Veerkamp

El objetivo de esta investigación ha sido conocer los procesos y factores socioculturales que inciden en la construcción y reconstrucción de la identidad femenina a partir del estudio de un tipo especial de mujeres: las "empresarias", entendidas como aquellas mujeres que han desempeñado en su momento histórico y sus sociedades respectivas funciones económicas distintas a las tradicionales. O, dicho de manera más precisa, que han resultado innovadoras y dirigentes de negocios de variada índole y magnitud, pero que van más allá del trabajo individual, de la estrategia de sobrevivencia. Florinda Riquer ha dicho, y con razón, que en el lenguaje neoliberal tan en boga hoy día la denominación incluye –y glorifica, aunque sólo en el discurso– hasta a la sufrida vendedora nocturna de elotes. Éste no es

* Agradezco muy sinceramente el apoyo económico y académico del PIEM, que me permitió llevar a cabo la investigación y, al mismo tiempo, conocer y recibir las atinadas sugerencias de Florinda Riquer, que mucho han ayudado a la elaboración de este trabajo, donde espero que se hayan reflejado sus comentarios. Si no ha sido así, la responsabilidad es desde luego mía. Agradezco mucho también la benevolencia de las empresarias entrevistadas en todas las localidades, con quienes espero compartir estos resultados.
** Investigadora del Centro de Estudios Económicos y Demográficos de la Universidad de Guadalajara, Jalisco.

el caso; aquí se habla de mujeres que han encabezado o compartido la dirección de negocios estables a los que han dedicado más de cinco horas cada día y que emplean de manera regular a más de cinco trabajadores o trabajadoras asalariados.

El mundo de las empresarias, aunque diferente, no resulta diametralmente opuesto al de otras mujeres trabajadoras. Es más, varias de las mujeres estudiadas pueden muy bien ser definidas como "workalcoholics". Pero además, en distintos momentos y regiones del mundo ha sido constatada la celeridad femenina para integrarse al mundo del trabajo pagado en los momentos en que las crisis regionales o nacionales han afectado los entornos laborales y sociales donde se desenvuelve su vida familiar.[1] El fenómeno más documentado en este sentido ha sido el del ingreso femenino al trabajo asalariado;[2] no obstante, en el caso del trabajo asalariado, las nociones de "ayuda" y "complementariedad" suelen encubrir, incluso para las mismas mujeres, los procesos de negociación y cambio de la identidad genérica que han hecho posible su incorporación al trabajo asalariado en distintos momentos y contextos históricos.[3]

Éste ha sido también, hasta fechas recientes, el caso de las empresarias. Por lo regular su actividad se ha asociado, por lo menos en un principio, a episodios de crisis, es decir, a ese momento en que las condiciones macroeconómicas inciden en la sociedad hasta trastornar la dinámica de las familias de las cuales forman parte. O, si se quiere, a ese punto en que los procesos macroeconómicos de

[1] Véase Margarita Estrada Íguiniz, "Ajustes domésticos ante el reajuste estructural. La experiencia de los obreros desocupados", en *Estudios Sociológicos*, vol. XIV, núm. 40, México, El Colegio de México, enero-abril, 1996, pp. 191-206, y Tamara Hareven, *Family Time and Industrial Time*, Cambridge y Nueva York, Cambridge University Press, 1981.

[2] Véase Brígada García y Orlandina de Oliveira, "El trabajo femenino en México a fines de los ochenta", en Ramírez Bautista, Elia e Hilda R. Dávila Ibayez (comps.), *Trabajo femenino y crisis en México*, México, Universidad Autónoma Metropolitana-Xochimilco, 1990, pp. 53-57, y Teresa Rendón Gan, "Trabajo femenino remunerado en el siglo veinte. Cambios, tendencias y perspectivas", en Ramírez Bautista, Elia e Hilda R. Dávila Ibayez (comps.), *Trabajo femenino y crisis en México*, México, Universidad Autónoma Metropolitana-Xochimilco, 1990, pp. 29-51.

[3] Véase Patricia Arias, "Dos nociones en torno al campo", en *Ajuste estructural, mercados laborales y TLC*, México, El Colegio de México/Fundación Friedrich Ebert/El Colegio de la Frontera Norte, 1992, pp. 229-242.

cambio generan situaciones microsociales de turbulencia y transformación social y familiar. Por este motivo, una noción clave de la investigación ha sido la *crisis*, vista no tanto como un fenómeno macroeconómico sino como un ámbito privilegiado –ocasión, razón, justificación– de restructuración genérica, es decir, como el contexto que ha facilitado la subversión, eventual o definitiva, de los comportamientos sociogenéricos tradicionales. Sin quererlo la crisis se convierte en una ocasión privilegiada de subversión de las funciones tradicionales, donde es posible redefinir lo que es y lo que puede hacer una mujer, e incluso los modelos de mujer.

Como sabemos, la economía en México ha resultado desgraciadamente abundante en periodos de crisis y cada una de las generaciones de mujeres de con quienes me he entrevistado ha estado expuesta a más de alguna de éstas en más de una etapa de su ciclo vital: como hija, como esposa, como madre. Tal situación hace a la mujer mexicana y seguramente a la latinoamericana, distinta a la de otros países, en especial a las de las naciones desarrolladas, donde la estabilidad de los factores externos –la macroeconomía si se quiere– ha sido indudablemente mayor que en el caso de nuestras sociedades. Y esto sin duda tiñe de diferente manera el horizonte femenino en las distintas regiones del mundo.

La reconstrucción de las vidas y quehaceres de las empresarias puede ser vista entonces como una especie de laboratorio social que ayuda a observar y entender los procesos, por lo regular difusos y cambiantes, de la identidad y la frontera genéricas. Las empresarias, por su actividad e imagen públicas, han tenido que negociar y redefinir de manera más evidente y directa, explícita y ardua, su identidad de género frente a un mundo como el de los negocios, tan evidentemente masculino, sobre todo en ciertas épocas y regiones. Como constata esta investigación, la redefinición de la identidad de género no ha sido un fenómeno unilineal y progresivo de afirmación de la individualidad y los proyectos personales, sino más bien un proceso complejo que poco a poco y hasta fechas muy recientes ha empezado a hacer evidente la existencia de nuevas identidades y fronteras genéricas.

La investigación se basa en los materiales de trabajo de campo provenientes de seis localidades del occidente del país: San José de Gracia, en Michoacán; Concepción de Buenos Aires, Tonalá y Zapotlanejo, en Jalisco; Irapuato y San José Iturbide, en Guanajuato. La decisión de realizar la investigación en localidades rurales y ciudades medias y pequeñas tuvo que ver con la idea de que la existencia de empresarias en esos contextos puede mostrar con nitidez los factores de cambio y la combinación de elementos que han hecho posible el desarrollo de empresarias antes y ahora.

El trabajo de campo se realizó durante los meses de noviembre y diciembre de 1995, y febrero y junio de 1996. Los materiales recopilados en el trabajo de campo incluyen una selección de 33 historias de vida de mujeres que tienen negocios en la actualidad (cuadro 1); 20 historias de mujeres que tuvieron negocios en algún periodo, por lo regular durante más de diez años, en el lapso comprendido entre 1950 y 1980 (cuadro 2), y 15 mujeres que no trabajan. Las actividades que han realizado las empresarias abarcan sobre todo las manufactureras (taller de azahares, taller de ropa, vivero de flores, establo lechero), el comercio (distribución de abarrotes, venta de pastura, restaurantes, venta de comida), servicios (taller de costura, agencia de viajes, peluquería, servicios profesionales) (cuadros 1 y 2). La revisión y discusión de las entrevistas con las mismas empresarias fue completada con la versión de otros familiares acerca de ellas y se procuró obtener mediante conversaciones informales la versión adicional de otras mujeres. El discutir los materiales con las entrevistadas mostró ser un recurso clave y dinámico de la investigación, pues así ellas se convirtieron en participantes activas del estudio y aunque evidentemente puede haber un sesgo en la información proporcionada, su colaboración ha resultado un instrumento eficaz y desde luego amable de la investigación.

Aunque no constituyen el objeto de estudio las localidades donde viven y trabajan las empresarias, el perfil básico de cada comunidad es el imprescindible contexto en el que ellas se han desenvuelto: el límite y horizonte de sus quehaceres y afanes.

De este modo, es necesario saber que San José de Gracia, Michoacán, con sus 7 242 habitantes en 1990 (cuadro 3) es la población ganadera y agroalimenticia más dinámica, de algún modo la cabecera microrregional de la sierra del Tigre, ámbito socio-espacial que incluye seis poblaciones rurales de los estados de Michoacán y Jalisco. Una de ellas es Concepción de Buenos Aires, Jalisco, que con sus 4 147 pobladores ha resentido de manera severa la crisis de

CUADRO 1

Datos sociodemográficos básicos de las mujeres de negocios
(1980-1996)

Localidad	Edad	Estado civil	Edad de matrimonio	Escolaridad	Número de hijos	Actividad
San José de Gracia/DF	35	Soltera		Técnica		Salón de belleza/boutique
San José de Gracia/EU	35	Casada	21	Secundaria	2	Restaurante
San José de Gracia	35	Soltera		Licenciatura		Rancho
San José de Gracia	34	Casada	19	Sec/Inst.	6	Taller de azahar
San José de Gracia	33	Casada	27	Licenciatura	1	Agencia de viajes
San José de Gracia	30	Soltera		Sec/Inst		Taller de ropa
San José de Gracia	28	Casada	26	Sec/Inst.	1	Distribución
San José de Gracia	27	Casada	21	Sec/Inst.	2	Vivero de flores
Tonalá	35	Divorciada	21	Preparatoria	2	Taller de ropa
Tonala/EU	34	Casada	23	Técnica		Restaurante
Tonalá	33	Casada	26	Licenciatura	2	Distribución
Tonalá/DF	30	Divorciada	24	3 años, universidad	2	Comidas
Tonalá	29	Casada		Preparatoria		Taller de cerámica
Zapotlanejo/DF	33	Casada	23	2 años, universidad	1	Diseño
Zapotlanejo/EU	33	Casada	25	Técnica	2	Comercio
Zapotlanejo	31	Soltera		Preparatoria		Maquiladora de ropa
Zapotlanejo	29	Casada	24	1 años, universidad	1	Maquiladora de ropa
Zapotlanejo	28	Soltera		Técnica		Distribución
Zapotlanejo	26	Casada	22	Secundaria	2	Taller de ropa

CUADRO 1 (*conclusión*)

Localidad	Edad	Estado civil	Edad de matrimonio	Escolaridad	Número de hijos	Actividad
Zapotlanejo	25	Soltera		Preparatoria		Maquiladora de ropa
Zapotlanejo	24	Soltera		Secundaria		Comercio
Irapuato	35	Casada	20	Preparatoria	3	Taller de ropa
Irapuato/DF	35	Casada	25	Técnica	2	Maquiladora
Irapuato/EU	33	Divorciada	24	Preparatoria	2	Taller de productos
Irapuato	31	Casada	28	4 años, universidad	1	Diseño
Irapuato	31	Casada	22	Técnica	3	Distribución
Irapuato/Gto.	29	Casada	25	Universidad	2	Distribución
Irapuato	27	Casada	22	1 año, universidad		Taller de ropa
San José Iturbide	34	Casada	21	Técnica	3	Distribución
San José Iturbide	33	Casada	24	Técnica	2	Maquiladora de ropa
San José Iturbide	30	Casada	20	Secundaria		Maquiladora de ropa
S.J. Iturbide/DF	30	Soltera		Preparatoria		Maquiladora de ropa
San José Iturbide	28	Casada	20	Técnica		Maquiladora de ropa

Fuente: entrevistas realizadas por la autora.

CUADRO 2

Datos sociodemográficos básicos de las mujeres en los negocios
(1950-1980)

Localidad	Edad	Estado civil	Edad de matrimonio	Escolaridad	Número de hijos	Actividad
San José de Gracia	60	Casada	19		13	Taller de azahar
San José de Gracia	57	Viuda	18	Primaria	4	Joyería
Concepción de Buenos Aires	65	Soltera		2-3 años		Comercio
Concepción de Buenos Aires	62	Soltera		2-3 años		Comercio
Concepción de Buenos Aires	61	Viuda		2-3 años	8	Comercio
Tonalá	62	Casada	20	Primaria	6	Taller de ropa
Tonalá	57	Casada	20	Primaria	1	Comercio
Zapotlanejo	66	Soltera	30	2 años		Taller de ropa
Zapotlanejo	58	Soltera		Educ. religiosa		Taller de ropa
Zapotlanejo	53	Viuda	19	Primaria	6	Taller de ropa
Zapotlanejo	50	Casada	19	2-3 años	5	Comercio
Irapuato	66	Soltera		3 años		Comercio
Irapuato	63	Viuda	18	2 años	5	Distribución
Irapuato	62	Viuda	17	4 años	8	Distribución
Irapuato	61	Soltera		Primaria		Taller de ropa
Irapuato	59	Soltera		Secundaria		Taller de ropa
Irapuato	52	Casada	18	Primaria	6	Alimentos/restaurante
San José Iturbide	60	Viuda	17	3 años	5	Taller de ropa
San José Iturbide	54	Viuda	21	Primaria	9	Taller de ropa
San José Iturbide	52	Soltera		Secundaria		Taller de ropa

Fuente: entrevistas realizadas por la autora.

CUADRO 3

Población y actividades económicas de las poblaciones donde se hizo el estudio

Municipio	Población cabecera	Población ocupada en agricultura	Población ocupada en industria	Población ocupada en servicios o empresarias	Número de patrones	% Respecto a PEA ocupada femenina
San José de Gracia	7 242	826	1 265	938	13	1.72
Concepción de B. A.	4 147	875	255	552	1	0.625
Tonalá	151 190	1 991	22 721	23 559	104	0.99
Zapotlanejo	17 853	3 499	3 799	3 780	48	1.94
Irapuato	265 042	14 761	72 395	55 219	433	1.68
San José Iturbide	42 094	2 628	4 547	3 277	24	1.02

Fuente: XI Censo General de Población y Vivienda, Integración Territorial, tomos I y II, 1990.

las actividades agropecuarias tradicionales sin que se hayan encontrado opciones distintas para hombres y mujeres fuera de la emigración a Estados Unidos.

Tonalá (151 190 habitantes) y Zapotlanejo (17 853 habitantes) eran hasta no hace mucho tiempo centros de áreas rurales de actividad agropecuaria. Pero a partir de la década de 1980 se han convertido en dos de las ciudades pequeñas con mayor desarrollo en el centro de Jalisco: Tonalá, municipio que registró el mayor crecimiento demográfico del estado entre 1980 y 1990 (21.5%) es el principal ámbito de desplazamiento residencial de Guadalajara y, de manera simultánea, ha intensificado al máximo su producción alfarera tradicional y se han instalado alrededor de treinta talleres de ropa, ligados a Zapotlanejo, un municipio vecino. Esto tiene que ver con la tendencia a la fragmentación de la producción de prendas de vestir que desencadenó la salida de empresas de Guadalajara y favoreció el auge de esa especialización manufacturera en Zapotlanejo, donde existen más de 250 empresas de ropa que, de acuerdo con las turbulencias de los últimos años, oscilan entre la maquila, el taller independiente y la fábrica. Esta especialización en la elaboración de prendas de vestir se ha desarrollado también en San José Iturbide, ciudad de 12 094 pobladores que hace las veces de capital microrregional de la Sierra Gorda. Desde allí se ha difundido la maquila de prendas de tejido de punto a innumerables pueblos y rancherías de esa región, la más pobre del norte de Guanajuato.[4]

Las cinco localidades mencionadas, aunque distantes y distintas, comparten una característica: tierras pobres de agricultura temporalera productora de granos básicos combinada con actividades ganaderas, lo que da lugar a una actividad manufacturera de pequeña escala: la elaboración de productos lácteos (crema, mantequilla, quesos). La crisis de la economía agroganadera de los años setenta provocó un proceso de cambio económico en el cual se han combinado la búsqueda de opciones ganadero-industriales y de diversificación de las economías locales hacia quehaceres distintos. Unas y otras han hecho decrecer el empleo agropecuario (cuadro

---

[4] Secretaría de Educación, Cultura y Recreación del Estado de Guanajuato, *Diagnóstico sociocultural del estado de Guanajuato*, Guanajuato, Dirección General de Culturas Populares, 1987.

3), fenómeno que a su vez desencadenó, como nunca antes, la migración de los hombres hacia Estados Unidos. Los datos de una encuesta realizada en Zapotlanejo en 1994 constataron que una quinta parte de los hombres de la localidad se encontraba en ese momento en Estados Unidos y que había comenzado la migración femenina hacia allá, sobre todo la de las pequeñas rancherías del municipio. En este sentido, puede decirse que la crisis de las actividades rurales tradicionales y la migración masculina generaron un vacío económico que empezó a ser cubierto, en gran medida, por las mujeres y el trabajo femenino.

La situación de Irapuato, ciudad de 265 042 habitantes es diferente. Allí, la ubicación de la ciudad en el corazón del Bajío guanajuatense y su proverbial riqueza agrícola han asegurado la viabilidad de cualquier proyecto agrícola y agroalimentario y del ejercicio del comercio regional a gran escala. Irapuato ha sido también la sede de una vieja y vigorosa manufactura de pantalones de hombre. Con todo, en los años ochenta se dejó sentir la crisis de la manufactura tradicional de prendas de vestir, lo que obligó a fábricas y talleres a buscar nuevas formas de organización y trabajo. Esa nueva situación industrial promovió la inclusión explícita de mujeres en la industria de la confección irapuatense, un quehacer hasta ese momento, por lo menos públicamente, masculino.

De este modo, puede decirse que frente a la pérdida de actividades y empleos y a la migración masculina, que se desencadenaron a partir de las crisis y transformaciones de las economías rurales, fueron las mujeres quienes aprendieron a hacer cosas distintas en sus propias localidades. De hecho, en varios ejemplos la ausencia masculina puede ser vista como un detonador de nuevos quehaceres y del empleo femeninos en localidades rurales.

Si bien el contexto microrregional ayuda a entender el quehacer de las empresarias, la investigación constató la importancia de otro elemento que resultó definitivo para entender los cambios en la condición femenina: la edad, o en términos más amplios, la generación. Hoy por hoy las empresarias comparten similitudes y afinidades por edad más que por el lugar donde unas y otras residen. En este sentido, puede decirse que la edad es mucho más que un dato cronológico; en verdad aparece como un ámbito y un horizonte de cultura, educación, experiencias, relaciones, ideas que ellas han querido y podido negociar de manera específica en diferentes momentos y que enmarcan su actividad actual, y delinean los contornos de su futuro.

Las empresarias de ahora, es decir, las que pueden ser definidas como *mujeres de negocios* (cuadro 1), nacieron en el decenio 1960-1970, es decir, tenían entre 25 y 35 años en 1995 y comenzaron la actividad que hoy las define cuando eran muy jóvenes, en los años ochenta, sobre todo hacia el fin de la década. Sin embargo para entender su actuación, su comportamiento y los cambios que representan en la vida social y el horizonte cultural de sus comunidades, hay que hablar de otra condición femenina, es decir, de las que podemos llamar *mujeres en los negocios* (cuadro 2). Ellas nacieron entre 1930 y 1945 y constituyen una primera generación de empresarias que comenzó a trabajar en la década de los cincuenta, es decir, cuando tenían más de veinte años.

MUJERES EN LOS NEGOCIOS, 1950-1980

Como muestran las historias de vida, en las sociedades rurales, grandes y pequeñas, ricas y pobres, siempre ha habido mujeres que han participado en las actividades económicas de cada época en cada localidad. En San José, por ejemplo, era muy importante el trabajo femenino en la elaboración de dulces de leche y frutas, en la fabricación de ponches, y más tarde en el bordado de sevillanas. Durante la época de las ordeñas –entre julio y noviembre– cuando las familias vivían en los ranchos las esposas solían colaborar en la hechura de los quesos, una tarea tradicionalmente masculina. En Zapotlanejo las mujeres se encargaban de la cría de lechones y la engorda de puercos, de bordar y deshilar servilletas, manteles y más tarde blusas. Es decir, en esas sociedades de índole más bien ranchera el trabajo femenino no se orientaba a las tareas agrícolas sino hacia quehaceres manufactureros y pecuarios para los cuales existía desde antaño una retribución en dinero aunque no fuera personal, como en el caso de los quesos.[5]

[5] Véase Luis González, *Pueblo en vilo*, México, El Colegio de México, 1979.

Todos estos quehaceres, que consumían buena parte de los afanes femeninos cotidianos, se realizaban dentro de la casa, como una prolongación de los saberes y quehaceres domésticos. Esta coexistencia del espacio y tiempo doméstico y laboral contribuía a que el trabajo femenino se inscribiera en la lógica de la colaboración conyugal. O, al menos, a que no se separara. En situaciones de crisis familiar o cambio económico que afectaban los ingresos familiares, las mujeres solían intensificar su producción para el mercado: hacían y vendían más dulces, elaboraban más ponches; criaban y vendían más lechones; confeccionaban más manteles o sevillanas; en Irapuato se hacían cargo de más tareas agrícolas (siembra, deshierbe, cosecha) para evitar el pago de jornaleros. Pero todo esto no se notaba mucho, permanecía dentro de los límites de la casa y en la lógica aceptada de la "ayuda" y la "eventualidad". Algún día, se pensaba, las cosas iban a cambiar y se iba a volver a la situación anterior. Entretanto ellas trabajaban mucho, ganaban poco y no cuestionaban las relaciones jerárquicas y las obligaciones tradicionales en el interior de las familias. Es decir, el trabajo femenino se afirmaba y confirmaba tres principios: el trabajo de la mujer podía ser barato, porque además de todo era eventual y se realizaba en la misma casa. Este imaginario ha estado presente hasta épocas muy recientes en la forma femenina de concebir y concebirse frente al trabajo.

Con todo, hay que decir que una mujer trabajadora ha sido siempre bien valorada en la sociedad rural. Pero siempre y cuando ese atributo femenino contribuya al éxito de los negocios de los hombres de su familia. Lo contrario también es cierto. Muchas veces se alude a la condición femenina opuesta, o sea, a que una mujer era "desidiosa" o "indolente" para explicar los fracasos, a veces contínuos, de su cónyuge en los negocios. Sin embargo, este atributo parece adquirir connotaciones y valoraciones distintas de acuerdo con las situaciones de bonanza o crisis por las que atraviesa la sociedad.

A diferencia de las actividades manufactureras y pecuarias a las que se dedicaba buena parte de las mujeres de cada localidad, al comercio se aplicaban unas cuantas. De cualquier modo, varias de las ideas, nociones y actitudes respecto al trabajo femenino se acuñaron en el crisol de la empresa comercial familiar. De esa matriz surgieron, por ejemplo, algunas de las primeras empresarias de Zapotlanejo e Irapuato.

El trabajo en la tienda formaba parte de la vida de las mujeres de familias comerciantes, pero sólo en la etapa en que estaban solteras. Para ellas, la atención en el mostrador o llevar las cuentas del negocio eran obligaciones que se sumaban a sus tareas y obligaciones domésticas. El trabajo en la tienda se combinaba con los demás quehaceres de la casa; más tarde, cuando "se usó" que las niñas fueran a estudiar, se acomodó con los horarios escolares. De cualquier modo, no se esperaba que las mujeres fueran demasiado tiempo a la escuela ni que dedicaran mucho esfuerzo a los deberes escolares. Un comerciante era afortunado, se decía, cuando tenía varias hijas que lo iban a "ayudar", ya que la esposa, en cambio, estaba al margen del negocio y los hijos también. De ellos se esperaba que estudiaran, que se iniciaran en las labores agropecuarias, que emprendieran actividades independientes. De ellas no. Las hijas solteras no recibían un salario por su trabajo; a lo sumo una cantidad de dinero los domingos, cuando iban a misa, a pasear a la plaza. De cualquier modo, atender la tienda familiar hablaba bien de una mujer en el mercado matrimonial: allí mostraba y demostraba que era trabajadora, responsable. La relación de trabajo, embebida en relaciones familiares, obligaciones domésticas, expectativas conyugales hicieron que, por décadas, las jóvenes tuvieran escasísimas reivindicaciones que vincularan el trabajo que efectivamente realizaban con algún tipo de demanda individual. Hasta los años ochenta las jóvenes no concebían el trabajo en el negocio familiar como tal, de modo que no había nada que negociar mientras estaban solteras. Lo que cambiaba la situación era el matrimonio. Varias mujeres afirman que casarse las liberó de la tienda, quehacer que les era particularmente desagradable pero que no pudieron eludir mientras estuvieron solteras.

En general y hasta no hace mucho tiempo la vida femenina se enmarcaba en los espacios y las obligaciones que le imponían los cambios de estado civil: si era soltera o solterona, ayudaba y obedecía a sus padres. Si era casada, salía del control de su familia para ingresar, incluso físicamente –la residencia era patrilocal– al ámbito de influencia de la familia de su marido, y a partir de ese momento se quedaba en su nuevo hogar dedicada a las tareas de la crianza y la casa, tan interminables una como la otra. Si se convertía en viuda, lo cual solía suceder con frecuencia en épocas anteriores, podía –y por lo regular prefería– "recogerse" con su familia y reiniciar el trabajo con su padre, como una manera de "ayudarse" a sí misma y a sus hijos.

El trabajo femenino en el comercio solía prolongarse sólo en tres situaciones: cuando la soltería se volvía irremediable, cuando alguna hija quedaba viuda, o cuando regresaba a la casa después de alguna aventura sentimental que, en ocasiones, le dejaba algún hijo. Es decir, el trabajo estaba vinculado al estado civil y asociado a escenarios de precariedad económica o social. En ambas localidades hubo siempre mujeres –señoras, viudas, señoritas y hasta religiosas– que tuvieron que iniciar negocios o hacerse cargo de establecimentos comerciales ante la ausencia de hombres que garantizaran la sobrevivencia familiar. En general, la pérdida de padres, esposos, hijos, hermanos que se hicieran cargo de los recursos –tierras, animales–, pero también de las necesidades familiares, impuso a las mujeres dos comportamientos posibles y aceptados: por una parte la migración, que las llevó, por lo regular para siempre, a ciudades grandes de la región como Guadalajara o hasta localidades rurales y urbanas en Estados Unidos.

Por otra, quedarse en el lugar de origen e iniciar o encargarse de algún establecimiento comercial, casi nunca en los quehaceres agropecuarios. Los padres con hijas solteronas o viudas llegaban incluso a instalar algún tipo de expendio como una manera de asegurar la permanencia y la sobrevivencia de su descendencia femenina. O bien las hijas solteras se quedaban a cargo de los establecimientos comerciales de sus padres, que ellas atendían hasta envejecer detrás del mostrador. Esta estrategia fue usada tanto por familias acomodadas propietarias de las grandes tiendas "de la plaza" hasta aquellas de escasos recursos de las orillas de cada localidad. De este modo, no es extraño que en los pueblos y ciudades medias y pequeñas abunden, hasta hoy, las tiendas de señoritas, viudas y más de alguna madre soltera redimida por el comercio. En verdad puede decirse que la historia del comercio en distribuidoras y tiendas de abarrotes, misceláneas, tiendas mixtas, farmacias, mueblerías, tlapalerías de ciudades medias, pequeñas y pueblos está indisolublemente ligada al trabajo femenino de solteras y viudas.

Así, el estado civil ligado a la limitación económica la ausencia de opciones laborales locales aceptables, convirtió a muchas mujeres en trabajadoras cautivas, agradecidas y a perpetuidad de los establecimientos comerciales de sus familiares. En este contexto las mujeres que correspondían a las categorías de solteronas, viudas o madres solteras eran las que más fácilmente podían trabajar sin ver afectada su aceptación social. Es más, en esos casos el trabajo se convertía en una obligación, surgía como una imposición de su condición social de jefas o responsables del hogar. Desde el punto de vista local y familiar era necesario aflojar el control y los prejuicios sociales sobre el trabajo femenino para ciertas categorías de mujeres que, de otro modo, iban a presionar sobre los recursos de familiares que iban a tener que mantenerlas.

De allí que las primeras empresarias de la región, sobre todo en el giro de las prendas de vestir (confección y tejido de punto) y las flores de azahar, hayan surgido de esta franja especial de mujeres. Puede decirse incluso que las mujeres jugaron un papel clave en la transición de la economía agropecuaria a la manufacturera. Éste fue el caso de Zapotlanejo, San José Iturbide y otras localidades que se han especializado en distintas actividades productivas. Caminos de especialización que una vez trazados por las mujeres se generalizaron como opción económica microrregional y se masculinizaron como empresas. Así la historia de la industria de la confección en México puede leerse a través de la vida de esas solteronas, viudas, casadas con problemas –maridos enfermos, alcohólicos, desobligados, migrantes– que iniciaron negocios que se convirtieron en pequeñas, medianas o grandes empresas del giro. Así fue desde luego la historia de la industria en Zapotlanejo.

Doña Isabel, soltera, casi sin escolaridad, desde los años sesenta tuvo que hacerse cargo de los gastos de la casa que incluía a sus padres, dos hermanas –sin esposos, sin ingresos y agobiadas por la maternidad y la "mala suerte"– y ocho sobrinos. Su padre había visto mermar su capacidad y su ingreso agropecuario sin encontrar una actividad distinta que compensara esa pérdida que lo arrastró, finalmente, a una depresión que lo paralizó. Hasta ese momento doña Isabel "se ayudaba" con un pequeño comercio de ropa o, más bien dicho, un pequeñísimo local, junto a su casa, donde entregaba telas e hilo a varias señoras que bordaban blusas, almohadones,

rebozos y chales "artesanales" que ella vendía muy bien en San Juan
de los Lagos, ciudad-santuario de un impresionante y constante turismo popular de peregrinos. A raíz de la crisis paterna el negocio
de ropa se convirtió en la principal fuente familiar de ingresos y en
la actividad a la que doña Isabel dedicó cada vez más tiempo y esfuerzo. Como era soltera y tenía familia que mantener nadie vio
mal que saliera cada vez más de Zapotlanejo rumbo a San Juan a
vender sus prendas y a Guadalajara en busca de materiales. Todo
lo contrario. Para doña Isabel no había alternativa: ella tenía la
obligación de "sacrificarse" por esa familia que había pasado a depender de su trabajo. Ella tenía la precaución de viajar acompañada por alguna de sus sobrinas y de regresar a Zapotlanejo el mismo
día. Nadie podía dudar de la honorabilidad de doña Isabel y todos
alababan su empeño en sacar adelante a su familia.

Doña Isabel, que en verdad tenía una enorme habilidad comercial y a quien le encantaba hacer negocios, pensó que probablemente habría lugares más dinámicos que San Juan de los Lagos
donde vender ropa: los paisanos que se iban a Estados Unidos ha-
blaban de las ciudades de la frontera norte que se llenaban de gente y oportunidades. En una ocasión se animó a llegar hasta Tijuana
donde levantó numerosos pedidos, muchos más que en San Juan y
a mejores precios. De este modo, doña Isabel fue la iniciadora de
un mercado que resultó amplio, generoso y persistente para las
prendas todavía tradicionales que se hacían en Zapotlanejo. Allá
en la frontera los hombres gustaban de la chamarra bordada con
motivos del campo; a las señoras les agradaba comprar juegos de
cama, cojines bordados con dibujos que recordaban o imaginaban
pájaros y flores del terruño. A partir de ese momento a doña Isabel
le fue estupendamente bien en su negocio: el pequeño local no ce-
saba de recibir prendas y de entregar materiales a cada vez más
mujeres que iban a solicitar trabajo de costura o bordado para rea-
lizarlo en sus domicilios.

La empresa maquiladora de doña Isabel tuvo un doble impacto:
por una parte, animó a muchas mujeres de Zapotlanejo a comprar
máquinas de coser o bordar para ofrecer su trabajo a domicilio en
mejores condiciones que a mano. Frente a la crisis de los quehaceres
agropecuarios que dejaba a los maridos sin trabajo, que los convertía
en migrantes a Estados Unidos o en desempleados casi permanentes,

la maquila con base en maquinitas de coser y bordar se convirtió en una opción laboral cada día más generalizada en esa microrregión jalisciense. Por otra parte, con doña Isabel se inició el tejido de redes comerciales entre Zapotlanejo y las ciudades de la frontera, vinculación que tuvo mucho que ver con el desarrollo posterior de la industria de la ropa en la microrregión.

En verdad, doña Isabel había logrado transitar con habilidad de una producción que se consideraba "artesanal" a un sistema manufacturero descentralizado de producción variada y masiva. Sin saberlo ni pretenderlo ella resultó una pionera de los sistemas actuales de producción y mercadeo. Pero no sólo eso. La crisis de las actividades económicas masculinas tradicionales colocó a las mujeres "especiales" en mejor situación que a las casadas. Ellas, las solteras y viudas que podían salir y hacer negocios fueron las que mejor y más rápidamente pudieron aprovechar la crisis para desarrollar actividades y actitudes económicas novedosas en sus localidades. O, dicho de otro modo, frente a la misma crisis, las casadas tuvieron un rango menor de opciones socialmente válidas, por lo menos en un principio. En el caso de Zapotlanejo y San José Iturbide, sólo comprar una máquina, y más tarde ingresar a un taller.

De cualquier modo, el ingreso femenino a los negocios o al trabajo asalariado estuvo vinculado a la necesidad familiar ineludible que era el detonador que impulsaba a las mujeres al trabajo fuera del hogar y legitimaba socialmente esa transgresión de la frontera laboral genérica. En ese sentido, la incursión femenina en los negocios y el empleo no dependía tanto de criterios como la edad, la escolaridad, el número de hijos, el interés o alguna vocación previa, como se observa en la actualidad.

Así, amparadas en la soltería y cobijadas por el compromiso ineludible de mantener la casa, mujeres como doña Isabel pudieron negociar con sus familias y la sociedad todo el apoyo logístico que necesitaban. Doña Isabel estaba descargada, vía sus hermanas, de todas las obligaciones domésticas de su sexo: lavar, planchar, cocinar, arreglar la casa, cuidar niños, llegar temprano, avisar dónde andaba, llegar a comer. En la práctica, tenía los privilegios de un jefe de hogar masculino. Sus sobrinas se encargaban de atender el local en Zapotlanejo mientras ella estaba de viaje. Su negocio pagaba lo mínimo ante el Ayuntamiento y nadie la molestaba respecto a las trabajadoras que tenía, las condiciones en que laboraban, las quejas de operarias descontentas. Todo lo contrario, doña Isabel, además de responsable, era una benefactora.

Doña Isabel cuidaba con esmero su imagen pública en la que exacerbaba el aspecto tradicional, el apego a las normas locales. Vestía con decoro y sobriedad; aunque cada vez viajaba más, siempre lo hacía con alguna sobrina; siguió usando autobuses aunque tenía camioneta, que no sabía manejar. Cuando iba con el chofer la acompañaba alguna de sus sobrinas y, en esos casos, solía comentar ante amigos y parientes el carácter mercantil y la ruta precisa del viaje. Su modo de vida, y su consumo personal variaron muy poco en su localidad.

En verdad, sus inversiones estaban fuera de Zapotlanejo. La mayor parte de sus ganancias las destinó a la compra de casas y lotes en Guadalajara, ciudad que en ese momento ofrecía una amplia oferta habitacional en zonas residenciales de clase media y popular. Es difícil hacer un cálculo exacto de las inversiones de esta índole de doña Isabel. A modo de ejemplo se puede decir que llegó a tener alrededor de veinte casas sólo en un fraccionamiento de la ciudad. Seguramente era una excelente opción en ese momento invertir en Guadalajara. Pero no era sólo eso.

De algún modo, doña Isabel exacerbaba su imagen de mujer tradicional como una manera de conseguir y mantener los apoyos que resultaban cruciales para el negocio. Ella era una mujer soltera que había tenido que dedicarse a trabajar para mantener a su familia que había entrado en crisis. Ella no era una "ambiciosa", una mujer a la que "le gustara el dinero por el dinero", que se hubiera enriquecido con el trabajo de otras mujeres. Invertir fuera de la localidad era una manera, bastante eficaz, de mantener esa imagen de "jefa de hogar en los negocios", de mujer empujada al mundo del trabajo por sus obligaciones familiares.

Este formato de empresaria se repite una y otra vez. En Zapotlanejo se recuerda entre las pioneras de la industria de la confección a una religiosa que por ser hija única tuvo que regresar al pueblo a acompañar a su madre enferma. Para "ayudarse" y "desaburrirse" la monjita hacía bordados que vendía en San Juan de los Lagos. Al "no darse abasto" con los pedidos, enseña a bordar en máquina a muchas muchachas que luego le entregaban la producción que ella salía a vender. La religiosa fue, a fin de cuentas, una excelente mujer de negocios pero en la imagen local ha quedado como la figura caritativa que cuidaba y trabajaba para su madre enferma, que enseña un oficio a las mujeres del que han podido vivir hasta la fecha.

El formato se repite en San José de Gracia. Doña Raquel quedó viuda con cuatro hijos cuando tenía 27 años, pero no regresó a su casa paterna en una localidad más pequeña y menos dinámica de la microrregión. Prefirió quedarse en casa de sus suegros. Ella, una mujer muy joven y guapa, vistió durante los primeros siete años de luto riguroso y después empezó a usar un hábito de San Martín de Porres que lleva hasta el día de hoy. Su imagen de enorme fragilidad y sumisión personales contrasta con su habilidad y firmeza en los negocios, con la manera en que logró lo que se propuso para sus hijos. Contra lo esperado consiguió que su suegro traspasara la herencia del hijo muerto a los hijos de doña Raquel y ella pagó todas las facturas de la endeudadísima empresa lechera de su difunto esposo hasta que logró cerrarla. Al mismo tiempo, incrementó al máximo un negocio de joyería fina que tenía desde soltera. Quedarse en la casa de sus suegros en San José le permitió disponer de apoyo doméstico y le dio acceso a una amplia red de familiares ricos en Guadalajara que se convirtieron en clientes asiduos de joyas costosas. Esto, claro, cuando todavía había la doble posibilidad de hacerse ricos y de ser ostentosos. Los familiares ricos además de comprar lo que querían sentían que le ayudaban a una pariente en desgracia. Doña Raquel –tan recatada, cuidadosa, siempre acompañada por sus cuñadas, tan religiosa– logró movilizar todo el apoyo de su familia política para la buena marcha de su empresa. En los tiempos de bonanza llegó a vender treinta millones de pesos en joyas cada semana en Guadalajara.

A pesar de su éxito económico, las mujeres en los negocios vivían al filo de la navaja. Contaban con la aceptación social y disponían de ayuda familiar mientras no cambiaran su situación conyugal ni modificaran, al menos de manera evidente, el umbral de sus negocios. Por lo regular sus establecimientos eran concurridos –"había que comprarle para ayudarla a salir adelante"– pero para lograrlo tenían que ser cuidadosas y hábiles con el manejo del contexto social que las apoyaba y avalaba. Su éxito dependía, en gran medida, de su habilidad para mantenerse en una actitud tradicional, sobre todo desvinculada del triunfo económico.

En general, puede decirse que en esta fase las empresarias no trataron tanto de negociar nuevas identidades de género, sino que se insertaron y manipularon los resquicios que ofrecía el contexto social tradicional para mujeres "en situación especial". De cualquier modo, ellas quedaron capturadas en la imagen que habían construido. A pesar de ser trabajadoras, prósperas y con frecuencia jóvenes y guapas, no modificaron su situación conyugal. Situación que contrasta con la de épocas anteriores cuando las viudas adineradas o de buen ver encontraban muy pronto una nueva pareja. Por lo regular, estas jefas de hogar en los negocios permanecieron solteras o viudas. Ellas aducen razones de edad, de cansancio. Más de alguna ha llegado a sugerir que a los hombres les asustaba relacionarse con una mujer demasiado acostumbrada a estar sola, a hacer lo que quería. Pero en más de alguna aparece la certeza de que era más fácil sacar adelante sus objetivos siguiendo la norma social para mujeres especiales que transgrediéndola de manera abierta. Es decir, en contextos sociales rígidos y genéricamente restrictivos, las empresarias descubrieron que resultaba más eficaz para sus negocios ampararse y aprovechar los rasgos de debilidad femenina que aceptaba la sociedad, que mostrar actitudes distintas que amenazaran el orden social, todavía con capacidad suficiente para controlar la disidencia.

Con todo, las mujeres en los negocios fueron víctimas de su propia creación cultural. Para las mujeres de esa época, el hecho de tener un negocio próspero, ganar dinero, hacer inversiones exitosas no tenía valor en sí mismo sino en cuanto satisfacía las necesidades familiares de las que se habían tenido que hacer cargo y que, algún día, iban a concluir. Una característica de las mujeres de negocios de esa primera generación es su salida de los negocios que fundaron e hicieron crecer.

A la larga ellas dejaron las empresas que habían construido en poder de esposos, hijos, algún sobrino. En su lógica de jefas de familia en los negocios las mujeres tendieron a masculinizar sus empresas en la siguiente generación. Aunque ellas recibieron mucho más ayuda cotidiana de otras mujeres –hijas, sobrinas, hermanas– a la hora de traspasar sus empresas lo hicieron a los hombres de la familia. Así sucedió en el caso de doña Lolita, soltera, fundadora y propietaria de un próspero taller de maquila de pantalones en Irapuato. Aunque ella manejaba su empresa con eficacia, siempre hacía notar que el negocio era, en realidad, de su sobrino que estudiaba en Guadalajara. Esto no era cierto, pero a doña Lolita le daba la seguridad de que tenía un respaldo masculino y ponía un intermediario entre ella y las decisiones que tenía que tomar. Ante cualquier eventualidad respondía que debía consultarlo con el propietario, con lo cual le parecía que mejoraba su capacidad de negociación y, en la práctica, le daba tiempo para tomar decisiones. A pesar de que en ocasiones hubo sobrinas que le ayudaron en el taller, más ciertamente que el sobrino ausente, la empresa fue a parar, a fin de cuentas, a ese pariente, al que no le interesaba mucho el negocio y finalmente lo liquidó.

Con las mujeres casadas que establecieron talleres también sucedió así. Por lo regular ellas entraron a trabajar cuando la actividad económica del marido, y a veces el marido mismo, entraron en crisis. Como ocurriera con doña Martha, cuyo marido dejó de trabajar y empezó a emborracharse cuando la ganadería dejó de ser rentable y él no supo incorporarse a otras actividades en Zapotlanejo. Doña Martha entonces empezó a hacer y encargar el bordado de prendas de vestir, actividad en la que le fue cada vez mejor hasta que logró formar una dinámica empresa de confección de faldas plisadas, que se vendieron muy bien y durante mucho tiempo en distintas ciudades de la República. Doña Martha no tuvo que negociar con su marido su derecho a trabajar puesto que ella se encargó hasta de mantenerlo, aunque nunca le regateó el tener hijos con él. Como quiera, su imagen de esposa con un marido desobligado le ayudó mucho en el taller. Las trabajadoras se encargaban del cuidado de los hijos pequeños de doña Martha, que deambulaban entre telas y máquinas; las operarias combinaban el quehacer de la casa con las labores de la costura. Ella pensaba que algún día su marido se recuperaría y se encargaría del negocio pero no fue así. En realidad ella trabajó más de veinte años sin respiro pero también sin concebirse como empresaria. Doña Martha era una excelente organizadora del trabajo y una eficaz comerciante, pero ella se percibió sólo como una mujer desgraciada a la que la vida había obligado, injustamente, a tener que trabajar para sus hijos. Aunque sin duda esto tenía algo de construcción deliberada de su propia imagen, lo cierto es que para ella resultó un alivio que cuando sus hijos crecieron empezaran a encargarse de las ventas, hasta finalmente plantearle la conveniencia de que ella dejara el negocio y se dedicara a descansar.

Aunque su propia historia las contradecía, en esta primera generación de mujeres en los negocios estaba muy vigente la idea de privilegiar a los hombres en todo sentido y ciertamente a la hora de heredar. Se suponía que ellos eran quienes tenían que mantener a las familias mientras que las mujeres, en cambio, iban a casarse y por lo tanto no tendrían que trabajar. De ahí que fuera sencillo, casi natural, excluir a hijas y sobrinas de la herencia de las empresas que habían formado madres y tías. En verdad, hasta la fecha no se ha descubierto ningún ejemplo de mujer que haya heredado su empresa a alguna pariente femenina. De este modo hubo una ruptura o, si se quiere, no hubo continuidad generacional entre las mujeres empresarias.

La salida de las mujeres de los negocios tuvo que ver, como dicen ellas, con que hubo finalmente alguien que las sustituyera. Después de tantos años de trabajo estaban efectivamente cansadas, pero no era sólo eso: en verdad, la situación familiar y el ámbito social siempre imponían límites al crecimiento de las empresas, a la posibilidad de aceptar exigencias empresariales para las cuales ellas se sentían —o las hicieron sentir— poco preparadas. Doña Ángela, al quedar viuda, estableció un taller de maquila que daba trabajo a unas veinte muchachas de los ranchos cercanos a San José Iturbide. Ella entregaba los conjuntos de bebé que producía a la tienda de una pariente en Querétaro, la cual los recogía en San José y mediante esa tienda abastecía a dos grandes casas comerciales del centro de la ciudad de México. Con el taller, cinco hijos pequeños y escasa ayuda familiar, le resultaba imposible salir a vender de manera directa, como le sugerían los clientes del Distrito Federal, y esto lo resintió el crecimiento de la empresa. Finalmente, dice doña Ángela, se dio cuenta de que para que el taller creciera resultaba imprescindible salir de San José Iturbide, es decir, saber manejar una camioneta, aprendizaje que ella a sus años no quiso ni intentar. De cualquier modo ya no era necesario: uno de sus hijos había empezado a tomar el timón de las ventas.

Y es que una vez superada la etapa inicial de tipo más bien experimental las empresas se acercaban a un punto en que era preciso institucionalizar ciertas áreas, realizar inversiones mayores –comprar locales de trabajo, establecer una tienda, contratar personal especializado, comprar maquinaria moderna, garantizar proveedores, un servicio de contabilidad– lo que implicaba entrar en contacto con bancos, créditos, avales, organizaciones de productores. En suma, relacionarse con un mundo masculino, para el que ellas pensaban que requerían mayor educación; en cualquier caso, era preciso establecer relaciones comerciales formales e informales en ámbitos y estratos que ellas no conocían o a los cuales tenían acceso restringido por su misma condición de mujeres especiales. Que hijos y sobrinos invitaran a comer al gerente de un banco para conseguir o agilizar un crédito, que se fueran a tomar una copa en la noche con el distribuidor de maquinaria para que los aconsejara acerca del equipo que debían comprar era perfectamente aceptado, era parte de los negocios, pero resultaba inconcebible para ellas. Así las cosas, en la década de los ochenta, momento clave de consolidación y modernización de empresas en pueblos y ciudades menores, ellas prefirieron marginarse de los negocios.

Cabe decir también que este proceso estuvo cargado de ambigüedades. En varios casos no fue tan evidente que las mujeres hayan querido dejar los negocios. Más bien parecería que lo hicieron presionadas por sus herederos. En esa fase de expansión de la manufactura, hijos y sobrinos les "hicieron ver" que había llegado el momento de que las empresas crecieran y ellas se retiraran. Su salida de los negocios legitimó la imagen socialmente aceptada: ellas trabajaron –y mucho– cuando fue necesario para sus familias, pero una vez que llegó el momento en que los negocios podían convertirse en empresas formales que evidentemente dejaban ganancias, ellas se retiraron. De este modo se justificaban todo el apoyo y la aceptación sociales que habían recibido como mujeres en los negocios.

Como quiera, esto ha comenzado a cambiar. Las jóvenes que hoy tienen entre veinticinco y treinta y cinco años y están al frente de empresas de variada índole y envergadura, muestran características y actitudes distintas a las de sus antecesoras respecto al trabajo y a sí mismas. Las empresarias de hoy, es decir, las mujeres de negocios que se iniciaron en la década de los ochenta son difícilmente equiparables a esas madres, tías, primas, que trazaron surcos pero que, entrampadas en las negociaciones de género que habían establecido para sobrevivir y prosperar, no pudieron dejar huellas más profundas.

MUJERES DE NEGOCIOS, 1980-1995

Las mujeres de las que vamos a hablar ahora son desde luego una minoría en sus localidades: en ningún caso alcanzan dos por ciento de la población femenina económicamente activa y efectivamente ocupada en sus localidades respectivas (cuadro 3). Su escasez y casi nula visibilidad estadística contrastan con su impacto social: cada una es plenamente identificada en su entorno social. El reconocimiento es por supuesto una manera de poner en evidencia que han sido y son mujeres peculiares, lo cual establece, desde el principio, una forma especial de entenderlas y relacionarse con ellas. Este espacio de peculiaridad que comparten puede ser visto como una conquista generacional en un contexto social menos monolítico que antes y enmarcado además en las dificultades e incertidumbres económicas de los últimos quince años. Aunque "raras", existen y han demostrado que su comportamiento económico ha tenido consecuencias positivas en la vida local. Las empresarias de esta generación han sido mucho más explícitas y hábiles para negociar su identidad de género y, al mismo tiempo, para eludir, en la mayoría de los casos, las tensiones sociales asociadas a las conductas femeninas no tradicionales.

Para empezar hay que decir que esta generación de mujeres en los negocios carece de antecedentes femeninos empresariales. En varios casos, sus madres fueron mujeres muy trabajadoras que apoyaron de manera solidaria a sus cónyuges en negocios y travesías. Pero nada más. En verdad, las nuevas empresarias no han tenido ejemplos femeninos cercanos en los que puedan basarse o apoyarse. Su actividad y sus negociaciones son obra de ellas mismas, favorecidas, eso sí, por el trasfondo inevitable de las crisis económicas.

Una característica de las empresarias de este tiempo es que han sabido manejar con habilidad el doble contenido, es decir, tanto las obligaciones como los derechos, de la división tradicional clave de la vida femenina: el estado civil, situación que divide el mundo y el horizonte entre solteras y casadas.

En general puede decirse que las mujeres nacidas en los años sesenta comparten otro rasgo: la movilidad espacial forma parte de la vida y el horizonte de su generación. Cuando ellas crecieron la gente iba y venía de Estados Unidos, la ciudad de México, Guadalajara, León, Querétaro. Es más, por lo menos cinco de ellas se criaron en Estados Unidos, lugar al que migraron sus madres cuando ellas eran pequeñas, donde crecieron y trabajaron, conocieron a sus maridos, se casaron, y tuvieron sus hijos, para después regresarse a vivir a México, por lo regular a la localidad de origen de sus maridos. En seis casos se trata de mujeres que nacieron o se educaron en el Distrito Federal, Guadalajara y Guanajuato, ciudades a las que migraron sus padres en la fase crítica de la vida rural. Ellas han vuelto a los terruños de sus padres con la certeza de que la gran ciudad se encuentra ahora en una fase crítica, por lo cual es mejor salirse a tiempo y crear opciones de vida y trabajo en espacios más reducidos, más visibles. Y están seguras de que es posible hacerlo en las localidades de origen de sus padres con las que, hay que decirlo, mantuvieron siempre contacto, aunque fuera sólo en las temporadas de fiestas y vacaciones. Las mujeres de Zapotlanejo tuvieron desde luego un contacto más cercano y directo con la ciudad de Guadalajara. Como veremos, la pertenencia a redes de relaciones espaciales amplias ha sido un elemento de apoyo para las empresarias en momentos críticos de tensión familiar y redefinición de funciones.

Hay que decir que el ejemplo de las empresarias que han sido migrantes, en Estados Unidos o en las grandes ciudades del país, ha resultado clave para la redefinición de la condición femenina local. En la década de 1970 Lourdes migró con su madre abandonada y cinco hermanos a Los Ángeles, California, donde trabajó desde pequeña en una fábrica de lámparas. En el barrio mexicano donde vivía conoció a Miguel, que después fue su marido, un obrero migrante legal de Tonalá, Jalisco. Cuando se casaron, ambos siguieron en sus respectivos empleos industriales, pero de manera conjunta dedicaron los domingos de muchos años a vender ropa en tianguis, y a elaborar comida para fiestas de familias de la comunidad mexicana. Los ahorros de los salarios y las ganancias del tianguis y los antojitos les permitieron, una década más tarde, regresar a Tonalá, la tierra de Miguel, e instalar un restaurante propio, donde Lourdes siguió desplegando su energía y habilidad para el negocio. Su presencia en la empresa generó sentimientos ambiguos entre los familiares y conocidos de Miguel; en su favor tenía el apoyo de su esposo –que siempre ha reconocido que ella "es la del negocio"– y la posición especial que le daba el no ser oriunda de Tonalá y, sobre todo, el haberse criado en Estados Unidos de donde, a fin de cuentas, se podía esperar cualquier cosa. Como quiera, la participación no sólo efectiva sino además visible de mujeres como Lourdes en empresas expuestas al público, como un restaurante, fueron clave para una transición femenina fundamental de la sociedad rural en los años ochenta: el paso de la "ayuda" invisible a la colaboración indispensable, pero sobre todo pública y visible, en la empresa familiar.

Hay que decir también que las empresarias que nacieron o crecieron en la ciudad tuvieron acceso a la educación, incluso hasta la universidad. En la década de los setenta el educarse era un derecho de las mujeres urbanas, y la limitación para continuar en la escuela era económica más que de otra índole. La situación de las nacidas y crecidas en San José, Zapotlanejo, Tonalá, San José Iturbide e incluso Irapuato, fue distinta. Allí, en la lucha por un derecho que las hacía diferentes de los hombres, en este caso de sus propios hermanos, podemos decir que adquirieron su primera, pero ejemplar, experiencia de la diferencia entre los sexos y la desigualdad entre los géneros. Los hombres tenían asegurado su derecho a la educación, al que restringían la capacidad económica de la familia o la capacidad intelectual del muchacho. Pero cuando era posible los hombres asistían, sin problema, a la preparatoria en otro lugar. Para aquellos que acudían a la universidad las familias de San José de Gracia, Concepción de Buenos Aires y San José Iturbide, pagaban casas de asistencia en ciudades como Morelia, Guadalajara, Guanajuato; a los de Zapotlanejo y Tonalá les costeaban el viaje y los alimentos de cada día en Guadalajara. Si tenían recursos económicos, los padres los mantenían y ellos no trabajaban mientras estudiaban, aunque los de Zapotlanejo e Irapuato solían vender ropa como una manera de ayudarse y de reducir los gastos de sus familias.

Las empresarias de los contextos más rurales –San José de Gracia, Concepción de Buenos Aires, San José Iturbide– trataron infructuosamente de estudiar preparatoria, soñaron con ir a la universidad. Pero esta opción no existió para ellas. En general esas mujeres tuvieron que negociar con sus familias, en especial con sus padres, su derecho a tener una educación superior a la primaria. Los padres pensaban que se podían volver locas de tanto estudiar y además, ¿para qué?, si se iban a casar y el estudio no les iba a servir de nada. Era desde luego un gasto inútil ya que ellas iban finalmente a formar parte de otra familia. Cualquier ejemplo de alguna muchacha a la que le hubieran permitido estudiar, pero que finalmente había abandonado la escuela para casarse era repetido y comentado hasta la exasperación. Como en San José y Concepción de Buenos Aires no había preparatoria y era impensable que viajaran a la localidad vecina donde sí había, ellas tuvieron que conformarse con la secundaria, y las que insistieron y rogaron, hicieron carreras cortas de secretaria ejecutiva o auxiliar de contador en institutos privados. En esta negativa tajante pesaba sin duda el hecho de que ellas "ayudaban" a sus padres en los negocios tanto o más que los hermanos que, ellos sí, solían estar estudiando fuera.

Las muchachas de Zapotlanejo, Tonalá e Irapuato tuvieron la ventaja de vivir cerca de las capitales de sus estados. Después de arduas negociaciones con el padre, varias lograron su permiso para estudiar en Guadalajara y Guanajuato, donde tenían parientes con los cuales solían quedarse durante la semana o a donde podían ir y venir cada día. Pero, a diferencia de los hombres, casi no recibieron ayuda para estudiar. Como se trataba de un capricho, no una necesidad, ellas tenían que arreglárselas por su cuenta. Esto las impulsó para que aprendieran a ser comerciantes, comenzando a vender ropa de Zapotlanejo en Guadalajara, por ejemplo. Pero no hay mal que por bien no venga. Este aprendizaje les resolvió el problema económico y les permitió iniciarse en el giro de las prendas de vestir.

Aunque las empresarias no suelen tener resentimientos al respecto, puede decirse que se trata de una generación de mujeres marcada por la certeza de la existencia de diferencias y jerarquías entre hombres y mujeres. En el contexto de sus familias las empresarias fueron más vehementes que sus hermanas en su lucha por estudiar, de ahí que tengan mayor escolaridad que sus hermanas mayores y que su lucha haya ayudado a que sus hermanas menores estudien con mayor facilidad y apoyo que ellas.

Las dificultades que enfrentaron en el ámbito de la educación contrastan con su inserción en el mundo del trabajo. De hecho, otra característica que distingue a las empresarias del resto de las mujeres de su edad y su localidad es la corta edad en que empezaron a trabajar. Esto seguía, en principio, la vieja tradición de que las solteras colaboraran en los negocios familiares. Pero hubo algunas novedades que ayudaron a modificar el escenario y el futuro femeninos. Los padres, en busca de opciones económicas que mitigaran el impacto de las crisis, procuraron diversificar sus negocios e intensificar el uso de mano de obra familiar. Los hijos colaboraron en esta tarea, pero respecto a ellos había la expectativa de que estudiaran, migraran o hicieran negocios por su cuenta. Las niñas, de las que no se esperaba demasiado en la escuela, comenzaron a hacerse cargo de cada vez más quehaceres dentro de las actividades tradicionales (establecimientos comerciales de variada índole, talleres, servicios) o de los negocios que instalaban los padres como una manera de diversificar el trabajo y las fuentes de ingreso. Sin embargo, contra lo esperado, las empresarias continuaron con los estudios y "se enseñaron" a administrar negocios, a tratar con empleados, proveedores y clientes de variada índole, a llevar cuentas. No sólo eso. Muy pronto las empresarias aprendieron algo elemental, pero inédito: a manejar vehículos, sobre todo camionetas, su medio de transporte favorito hasta la actualidad. Para los padres era un alivio que ellas pudieran ir y venir con rapidez; para ellas fue el medio que les empezó a dar una movilidad insospechada, que les ofreció la posibilidad de desplazarse por su cuenta más allá de los límites geográficos tradicionales. Desde luego que hubo críticas, incluso en el interior de las familias, sobre todo de las madres, pero la necesidad familiar se impuso como argumento definitivo.

El caso de Eva es ejemplar. Cuando regresaron del rancho donde vivían ella comenzó a trabajar en la tienda de abarrotes que abrió su padre en San José. Tenía apenas doce años pero resultó muy hábil para las cuentas, además de que ayudaba a su padre en la hechura y venta de quesos. Allí estuvo hasta los quince años, pero desde que tenía catorce vendía ropa de Estados Unidos que compraba en un pueblo cercano. En 1982, después de la devaluación, su padre decidió emprender otros negocios e instaló una pasturería. Como los hermanos estaban estudiando Eva quedó a cargo de las ventas y la administración de la empresa, que manejó desde el principio ayudada por empleados. En 1988, después de la muerte de su padre, Eva, que ya conocía muy bien ambos giros y la situación de la sierra del Tigre, llegó a tener seis pasturerías y tres tiendas de ropa en cuatro localidades de la microrregión.

En el caso de Eva no hubo ruptura con la empresa familiar, puesto que su padre murió y ella siguió como propietaria de algunos de los negocios. Pero en otros casos sí la hubo. Algunas de las empresarias desde solteras trataron de salirse de los negocios familiares, de empezar actividades independientes en espacios separados, aunque fuera como empleadas: ellas querían adquirir una experiencia laboral distinta a la empresa familiar. Esto fue motivo de tensiones y conflictos familiares prolongados. De algún modo se trataba del inicio de la competencia, de la intrusión del mercado de trabajo retribuido en el ámbito familiar de mano de obra cautiva y prácticamente sin costo. Esto, además de que significaba la pérdida de una trabajadora leal y barata, era mal visto en la sociedad, rompía con el esquema tradicional de comportamiento femenino. El conflicto, como en el caso de Marisela, se condensó en silencios que duraron años entre padre e hija, o bien fue preciso poner distancia incluso física entre los contendientes, y para ello fue de gran ayuda la existencia de redes sociales extralocales. Después de varios episodios desagradables con su padre porque había abandonado la administración de la abarrotera familiar para aceptar un puesto de secretaria en el banco, Marisela tuvo que irse a vivir a Guadalajara. Allí, en casa de unos parientes aprendió nuevas habilidades que años después, cuando regresó a San José, puso en práctica en un pequeño pero eficiente rancho lechero y negocios anexos, y, a pesar de no haberse casado, no volvió a trabajar con sus padres. Hay que decir que este tipo de conflicto se suscitó sobre todo entre padres e hijas. Las madres prefirieron mantenerse al margen.

Para fortuna de las empresarias, la instalación de servicios en las localidades –bancos, oficinas de gobierno, distribuidoras de productos– amplió la oferta de empleo a jóvenes, como las empresarias,

que tenían estudios superiores al promedio y se sabía que eran trabajadoras. El ingreso generalizado de muchachas al mercado de
trabajo pudo ser más fácilmente asimilado por la sociedad. Desde los
años ochenta dejó de ser motivo de ojos en blanco y mirada al cielo, y
menos aún de chisme, que una muchacha soltera trabajara fuera de
su casa, aunque hubiera trabajo en su casa. Este cambio marcó el
fin de la larga, larguísima, fase de control familiar absoluto de la
mano de obra femenina soltera.

La separación de las solteras de los negocios familiares anunció
otra ruptura. Aunque las empresarias estudiadas son jóvenes y por
lo tanto es difícil predecir lo que va a suceder, en algunas de ellas,
pocas, se advierte la decisión de permanecer solteras. No se trata de
mujeres que permanezcan al margen de amores, sino más bien de un
fenómeno complejo, en claroscuros: ellas se han vuelto más exigentes y críticas respecto a los hombres, a la calidad de vida en pareja.
Por su parte, muchos hombres se sienten intimidados por estas mujeres independientes; otros, en cambio, son atraídos por su actitud
emprendedora que les permite imaginar escenarios conyugales de
prosperidad. De un modo u otro, la crisis parece haber ayudado a la
valoración masculina de una mujer menos tradicional, más dinámica, aun a costa de tener que establecer una relación de pareja menos
jerárquica. En este sentido puede decirse que si cada momento histórico tiende a reivindicar y legitimar modelos distintos de mujer, la
crisis persistente de los últimos quince años ha contribuido a valorar
aún más a la mujer trabajadora.

Como quiera que sea, otra característica de las empresarias actuales es que se tardan más en encontrar pareja. A diferencia de sus
antecesoras, las empresarias de ahora se han casado teniendo más
de veinte años, incluso algunas con más de 25 años, a pesar de haber tenido pretendientes desde jóvenes. Por lo regular se han casado con hombres educados: abundan los maridos que tienen por lo
menos preparatoria terminada e incluso hay varios cónyuges profesionales. Se advierte además la tendencia femenina a casarse con
hombres de fuera, pero a residir en su propia localidad. Este nuevo principio exogámico y residencial resulta interesante: permite
a las mujeres contar con el imprescindible apoyo de su familia de
origen y, al mismo tiempo, disminuir al máximo las intervencio-
nes de su familia política que, a fin de cuentas, nunca ha sido un

apoyo efectivo para las mujeres que ingresan a ellas en calidad de nueras y cuñadas.

Lo contrario suele resultar dramático. Ese fue el caso de Nora, una joven de Tonalá que se casó con Tomás, un profesional de Atotonilco, y se fue a vivir a esa localidad. Durante varios años ella se dedicó a las tareas del hogar, aunque hacía y vendía panes y pasteles. Como los negocios de su marido fracasaban una y otra vez, Nora tuvo que intensificar su trabajo. Así, modernizó sus instalaciones, contrató trabajadoras, diversificó sus actividades y extendió su negocio hasta Guadalajara. A pesar de las precauciones de Nora, Tomás y sobre todo su familia, de la cual ella no recibía ayuda alguna, querían que dejara el negocio porque, decían, "desatendía" la casa y los hijos. Tomás, que no tenía trabajo, de todos modos se iba cotidianamente al taller, donde permanecía durante toda la jornada. Lo que Tomás y su familia no podían aceptar era que se hiciera evidente que era ella la que mantenía a la familia. Finalmente Nora se divorció y aprendió la lección. Desde el principio de la relación, Nora negoció con su actual marido, oriundo de Guadalajara, el regreso a Tonalá, donde ella ha podido contar con el apoyo de su familia para el desarrollo de sus actividades.

En términos más generales, se advierte que las empresarias han aprendido a aprovechar la norma social que escinde la responsabilidad familiar sobre las mujeres de acuerdo con su estado civil. Como se ha visto, durante la soltería el límite de las acciones y la evaluación del comportamiento femenino recae sobre la familia de origen. Ellos juzgan y a su vez son juzgados por la conducta de sus hijas. Esta doble responsabilidad desaparece cuando ellas se casan y pasan a depender de su marido y de la familia política. Desde esta perspectiva, casarse con un hombre foráneo y quedarse a vivir en su propia localidad es una manera novedosa de eludir el control de la familia del cónyuge. Pero además, una vez casadas, la familia de origen también deja de intervenir en los asuntos femeninos. La manera en que ellas han sabido manejar esta situación es parte de las negociaciones genéricas y de su éxito empresarial.

A partir del matrimonio, la familia de origen se desentiende de que ella continúe en los negocios y la responsabilidad pasa a ser asunto de su marido. Pero, a diferencia de las empresarias de antaño y de otras mujeres de las localidades, las empresarias han negociado desde el noviazgo su derecho a trabajar y mantenerse en las empresas. La crisis ha sido, de nuevo, un argumento definitivo para que ellas permanezcan independientes al frente de sus empresas, o para que abandonen la empresa familiar y se incorporen a los negocios del marido. La crisis ha sido también un argumento contundente para que inicien nuevas actividades.

Éste fue el caso de Lupita. Ella se casó con Pablo, un veterinario dedicado a la engorda de puercos. Lupita siempre había trabajado en cuestiones manuales y daba clases de pintura, lo que le dejaba dinero para sus gastos. Pero cuando la ganadería porcina hizo crisis y la situación económica familiar se deterioró, ella decidió iniciar un negocio por su cuenta: con la ayuda económica y el sostén social de Pablo y su familia, instaló un vivero de flores, actividad catalogada como no femenina en San José de Gracia. La idea era experimentar con una cosecha. Pero el éxito ha sido de tal magnitud que Lupita se dedica ahora de tiempo completo a las labores del vivero, que cada día es más grande, moderno y con mejores clientes. Lupita está segura de que Pablo no habría podido sacar adelante ese negocio, que ha requerido de tanta tozudez para entender los procesos de las plantas y para establecer la red de proveedores de insumos, así como de paciencia para conseguir, mantener y acrecentar la cartera de clientes en la región.

Otra diferencia de las empresarias en relación con otras mujeres es que ellas no dejaron de trabajar cuando se casaron ni cuando nacieron sus hijos. Abundan las señoras de hogar que aseguran que les encantaría trabajar y que apenas crezcan sus hijos lo harán, pero para las empresarias los embarazos y los hijos no han sido motivo de descanso o paro. Esto es todavía mal visto en las sociedades y familias respectivas, que aluden a un deterioro de la salud de la madre y el cuidado del bebé. Pero de nuevo, éste es un ámbito en el que la familia de origen ha dejado de tener injerencia.

En varios casos las empresarias han procurado instalar sus negocios administrativa y físicamente separados de los de sus esposos y allí se las han arreglado con hijos, servicio doméstico y ayuda familiar. El caso más difícil en este sentido es el de aquella manufactura donde la pareja comparte la responsabilidad del negocio, pero incluso allí algunas empresarias han logrado independizar sus áreas de trabajo: diseño, administración, contabilidad. En general las empresarias suelen viajar dentro de su localidad, la microrregión donde tienen negocios a las ciudades. Estos comportamientos femeninos son vistos con desconfianza y causan continua preocupación a sus familias de origen, pero éstas poco pueden hacer; si sus maridos "las dejan trabajar" sus familias no pueden decir ni hacer nada. La relación más difícil suele darse con las madres, que se sienten juzgadas por lo que consideran fue mala educación de esa hija y les escamotean la ayuda doméstica. Florinda Riquer ha dicho, y con razón, que la madre llega a sentir cierta envidia de esa hija independiente y segura que hace lo que ella y otras mujeres no pudieron hacer.

La situación con los padres es más ambigua: ellos fluctúan entre la vergüenza y el orgullo. Se sienten igualmente juzgados por esa hija, pero al mismo tiempo están exculpados por el marido, que es quien la deja trabajar. En el fondo, los padres han aprendido a valorar lo que ellas hacen por el éxito que tienen. En un ambiente social que rechaza la presencia y, más aún, las opiniones femeninas en el ámbito de los negocios, la empresaria es la única mujer de una familia que suele ser escuchada y tomada en cuenta en las decisiones importantes.

Por si fuera poco, las empresarias tienen y mantienen un comportamiento demográfico especial si se las compara con otras mujeres, incluso de sus mismas familias o con las empresarias de generaciones anteriores. En general se han tardado más de lo previsto por el calendario y la costumbre en tener el primer hijo. Aunque todavía están en plena fase reproductiva, varias de ellas han manifestado que no van a procrear más de los tres hijos que tienen, pese a que los maridos piensen lo contrario. De hecho, el asunto del tercer hijo ha empezado a ser motivo de tensión conyugal en las parejas de las empresarias, y de preocupación en sus familias de origen que observan que ellas no parecen dispuestas a seguir el comportamiento tradicional. Pero poco pueden hacer al respecto.

Hay que decir también que las empresarias como una manera de mitigar la crítica social y los problemas con sus parejas, han aprendido a ser enormemente cautelosas. Esta cautela está cargada de ambigüedades personales y tiene consecuencias en los negocios. Ellas saben que para continuar en sus actividades deben cuidar su imagen social, ya que sólo así podrán contar con el apoyo de su cónyuge. De este modo, algunas de las casadas han reducido los viajes en que van acompañadas por empleados, se abstienen de salir a comer o cenar con clientes y proveedores, no asisten a reuniones de trabajo en otros lugares, y suelen ser muy discretas acerca de sus logros económicos. Ellas saben que esto lo va a resentir el crecimiento de sus negocios, pero, por lo pronto, es la manera que han encontrado para continuar con ellos sin sufrir tensiones conyugales mayores por motivos de trabajo. Para ellas todavía hay tiempo, lo importante ahora es poder continuar en los negocios.

Éste fue el caso de Marcela. Ella se casó con Matías, que estaba encargado de las ventas del taller de flores de azahar de su familia política. Marcela, una mujer educada e inteligente, advertía problemas en ese negocio, manejado de manera caótica por la familia, pero prefería callarse y dedicarse a sus hijos. La situación cambió cuando el taller de sus suegros entró en crisis, Matías se quedó sin trabajo y casi fue a parar a la cárcel por deudas. Entonces ella comenzó a hacer azahares en su casa. Sus diseños novedosos tuvieron un enorme éxito en Guadalajara, tanto que una empresa estadunidense le empezó a hacer grandes pedidos y a solicitar la exclusividad. El asunto desencadenó un conflicto familiar irremediable, a raíz del cual Marcela y Matías permanecieron separados durante dos años. Marcela, con cinco hijos, siguió trabajando en un taller cada día más próspero. Finalmente Matías volvió y aceptó que era necesario independizarse de su familia. Marcela, por su parte, aceptó tener otro hijo, el sexto, y que él se encargara de las ventas en Guadalajara. Ella se reservó las áreas de diseño y producción, donde sabe que está el éxito de la empresa. La situación de Marcela, aunque única, no es exclusiva. Se puede decir incluso que las empresarias exitosas son las más expuestas a las presiones conyugales para dejar sus negocios y tener más hijos.

Con todo, hay que decir que el ámbito de menor negociación conyugal ha sido el doméstico, es decir, la responsabilidad de las tareas de la casa y la atención de los hijos. Hasta la fecha, el trabajo doméstico que inevitablemente dejan de hacer las empresarias se enfrenta sólo por vía femenina y ha tenido dos consecuencias. Por una parte, ha representado una expansión del empleo femenino local. Sin embargo esta forma de trabajo femenino, cada vez más frecuente, no se contabiliza en registros formales e incluso se trata de ocultar en expresiones que buscan reivindicar la idea de la "ayuda" entre parientes. La verdad es que hoy día existe una total monetarización de la ayuda doméstica familiar, aunque no se quiera reconocer que una hermana o prima trabaja para su pariente empresaria y recibe un salario porque tiene dificultades económicas. Así, abundan los casos de hermanas, sobrinas, primas, que han pasado a encargarse de los quehaceres y responsabilidades domésticas en las casas de las empresarias durante todo el día o en las horas de la tarde en que regresan los hijos a la casa, estableciendo arreglos monetarios complicados y poco explícitos, pero eficaces, que contribuyen además a mantener socialmente la idea de que hay algún miembro de la familia a cargo de la casa.

Pero, por otra parte, esta expansión del mercado de trabajo femenino se costea sólo con el ingreso de la mujer. De este modo, el costo del trabajo doméstico se convierte en una carga económica sólo femenina, que permite mantener sin modificación la división de tareas conyugales. Gracias al trabajo doméstico asalariado que se cubre con recursos de las empresarias se elude el conflicto conyugal y se mantiene la jerarquía de género tradicional en el hogar.

NOTA FINAL

Sólo para resumir se puede decir que entre las mujeres en los negocios y las mujeres de negocios hay por lo menos cinco diferencias. Para empezar, las empresarias de la primera generación, por decirlo rápido, tendían a realizar sus negocios dentro de sus domicilios o en esa prolongación casera que era la tienda y más tarde en la manufactura. Esto ayudaba a mantener la vigencia del eficaz equívoco de que el trabajo femenino era sólo una ayuda familiar, aunque en realidad muchas de ellas eran las verdaderas encargadas de las empresas. Las mujeres de negocios actuales, en cambio, han comenzado a preferir la separación física entre la casa y el negocio. Esto se advierte sobre todo en las actividades comerciales y de servicios más que en la manufactura –donde la persistencia de la empresa familiar tiende a mantener la mezcla de escenarios productivos y domésticos–; pero incluso allí las mujeres han empezado a rescatar microespacios y tiempos para llevar a cabo su trabajo de manera independiente. Esto puede parecer banal, pero en realidad no lo es. Supone la afirmación simbólica de que ellas efectivamente trabajan en la empresa y no que están sólo en calidad de personas disponibles para ejecutar las tareas que les quieran asignar padres, hermanos o cónyuges.

En segundo lugar, las empresarias de la primera generación se iniciaron en las actividades empresariales como una obligación derivada de su condición de jefas de hogar, es decir, como mujeres colocadas en situación especial debido a la crisis familiar que suscitó la ausencia de hombres que se hicieran cargo del mantenimiento de las familias. De allí la elevada proporción de solteras, viudas y abandonadas entre las mujeres en los negocios; mujeres que en el proceso de tener que hacer negocios descubrieron sus aptitudes y su gusto por el trabajo y la administración. De allí que en esa generación abunden las empresarias que se iniciaron en los negocios a mayor edad, es decir, cuando ya estaban casadas, fueron abandonadas, quedaron viudas o aceptaron una soltería irremediable. Por contraste, entre las empresarias de este tiempo se advierte la tendencia a comenzar los negocios muy jóvenes, desde que están solteras, y a continuarlos, contra viento y marea, cuando se casan y aun con hijos. En esta generación el impacto de las sucesivas pero incesantes crisis y la necesidad de diversificar las economías familiares fueron elementos clave para apoyar el ingreso femenino a los negocios. Pero no fue sólo eso. En verdad, la entrada de las mujeres a los negocios tuvo que ver con la decisión y voluntad de ellas mismas.

En tercer lugar hay que decir que las empresarias de la primera generación mantuvieron dos comportamientos sociales muy tradicionales: el número de hijos y la residencia. Esto tuvo que ver desde luego con que varias de ellas comenzaron sus actividades a partir de la viudez, es decir, cuando ya tenían todos los hijos que Dios les había dado. Pero también las casadas mantuvieron ese comportamiento, a pesar de las dificultades que solían tener con sus maridos en otros ámbitos. Al mismo tiempo, las casadas se iban a vivir a casa de sus familias políticas o, en el caso de las migrantes, regresaron a establecerse en las localidades de origen de los maridos. Esto también ha cambiado. Para empezar, las empresarias de ahora han negociado con sus cónyuges el número de hijos que van a tener: dos o a lo sumo tres. Éste es todavía un campo de juego y, como dicen los comentaristas deportivos, el partido termina hasta que se acaba, pero es posible pensar que en la mayor parte de los casos se mantendrá la tendencia actual a tener pocos hijos. Lo más novedoso entre las jóvenes de hoy parece ser su preferencia por vivir en sus propias localidades, pero casándose con hombres de fuera. De este modo ellas eluden a la familia política y pueden vivir separadas de su propia familia, aunque cuenten con su ayuda.

En cuarto lugar se observa que las empresarias de antes tendían a dejar los negocios que habían formado y a pasarlos, en una siguiente generación, a manos masculinas. Las empresarias de ahora no. Ellas, es cierto, han aceptado una serie de normas sociales que limitan el desarrollo de sus negocios, pero están conscientes de esta restricción que por lo pronto les permite eludir conflictos conyugales mayores para de ese modo poder mantener la independencia de sus empresas. En verdad, esto representa un cambio muy profundo. Con su actitud, las empresarias de ahora han comenzado a cuestionar –en la práctica más que en la teoría– la validez exclusiva de la empresa familiar como sistema predilecto de organización del trabajo en la región occidental del país. Este cambio significa, entre otras cosas, que no va a ser tan sencillo marginarlas de las empresas como a las empresarias de antaño, quienes, enmarcadas en la ideología de la empresa familiar fueron fácilmente desplazadas del manejo de las empresas que habían formado o mantenido por años.

En quinto lugar se puede decir que las empresarias de antes disfrutaron de una alta consideración social en sus localidades y en la práctica no sufrieron bloqueos insuperables que las hicieran desistir.[6] En la práctica ellas eran cotidianamente transgresoras del orden social rígido y espacialmente controlado de las mujeres, pero en el discurso, el arreglo corporal y el comportamiento recurrían y utilizaban los signos que reiteraban la norma social tradicional. De este modo, como bien ha expuesto Florinda Riquer,[7] la sociedad local no se sentía amenazada de manera directa –en los negocios– ni indirecta –como influencia "perniciosa" sobre sus propias mujeres– por la conducta de esas pobres mujeres a las que la vida había colocado en situación especial y, por lo tanto, había que ayudar. De este

---

[6] Véase Paramjeet Kaur Dhillon, *Women Entrepreneurs. Problems & Prospects*, Nueva Delhi, Blaze Publishers & Distributors, 1993.

[7] Comunicación personal.

modo, era posible además seguir defendiendo la asociación de la mujer decente con el no trabajo, cuyo mayor mérito consistía en hacer milagros con lo que "él le daba".

Argumentos que, utilizados por las empresarias, eran los que les permitían hacer lo que efectivamente querían. Por lo regular esta noción era reforzada con otra. La presencia femenina en los negocios podía ser aceptada socialmente mientras se vinculara a la idea de "misión",[8] es decir, a esa especie de encargo que le hacía algún miembro masculino de sus familias, por lo regular el padre, para que velara por la familia. Así, la protección de un miembro masculino de la comunidad se convertía en un aval del comportamiento femenino.

Las empresarias de ahora, en cambio, son personajes socialmente controvertidos: más de alguna tiene fama de ambiciosa, de que ha subordinado el "bienestar" de su familia a su "gusto por el dinero", a "tener empleados que le hagan todo". Se oyen chismes de que algunas no son tan eficientes en los negocios, sino que siempre trabajan endeudadas, y que reciben favores de sus proveedores o clientes. Pero en verdad las empresarias de ahora usan la noción de "éxito" en los negocios como un instrumento de negociación conyugal y familiar para permanecer en las empresas familiares o personales. Si les va bien y la familia está en buena situación, no hay razón para dejar las empresas. Mucho ha ayudado en este sentido la crisis persistente de la economía nacional y de las actividades locales tradicionales que han obligado a modificar de manera drástica los escenarios previsibles de comportamiento y los valores sociales. Con la crisis como trasfondo irremediable, las empresarias han podido negociar su ingreso y permanencia en los negocios, y con su éxito han ayudado a modificar una frontera clave: hoy por hoy el límite de la decencia femenina ha dejado de definirse en el no trabajo, como hasta hace poco sucedía. Así, el trabajo, el ser trabajadora y capaz de sacar adelante sus negocios ha comenzado a ser un valor femenino por sí mismo. O, dicho de otro modo, hoy día se puede trabajar y ser decente.

[8] *Idem.*

Con todo, hasta la fecha las empresarias requieren de un cierto apoyo masculino o al menos de su aprobación. Sólo que ya no se trata de miembros de una generación anterior, sino de sus cónyuges, jóvenes como ellas; de allí que estén dispuestas a aceptar algunas limitaciones en su actividad empresarial. Esto no es exclusivo de las empresarias estudiadas; en verdad forma parte de la historia de muchas mujeres, urbanas y rurales, en estos tiempos de transición.

De cualquier modo, cabe decir que en este ámbito se advierte una renovada y fuerte tensión, sobre todo en los últimos dos años. La crisis que se inició a fines de 1994 ha reivindicado la viabilidad de los negocios de tipo doméstico y esto ha exacerbado la tendencia a la masculinización de la dirección de las empresas. Esto es particularmente cierto en el caso de la manufactura y el comercio. Frente a la carencia de empleos en el mercado de trabajo o debido a problemas en otras actividades, los hombres han tratado de refugiarse en las empresas familiares o, si se quiere, encargarse de algunas de las actividades que realizaban sus esposas o hermanas.

Eso por una parte. Por otra, se advierte asimismo la tendencia a presionarlas para que ellas dejen sus empresas y pasen a "ayudarlos" a ellos en sus negocios. De este modo, dicen los maridos, es posible reducir gastos y aumentar las ganancias de sus propios establecimentos. Y, a lo mejor, ¿por qué no?, puede ser el momento de tener un nuevo hijo. En esta tensión se debaten algunas de las empresarias de ahora. De la manera de negociar su permanencia en las empresas independientes o el retorno a la empresa familiar controlada por el cónyuge surgirán algunas de las pistas sobre su propio futuro y el de las empresarias que sigan.

BIBLIOGRAFÍA

Arias, Patricia, "Dos nociones en torno al campo", en *Ajuste estructural, mercados laborales y TLC*, México, El Colegio de México/Fundación Friedrich Ebert/El Colegio de la Frontera Norte, 1992, pp. 229-242.

Estrada Íguiniz, Margarita, "Ajustes domésticos ante el reajuste estructural. La experiencia de los obreros desocupados", en *Estudios Sociológicos*, vol. XIV, núm. 40, México, El Colegio de México, enero-abril, 1996, pp. 191-206.

García, Brígida y Orlandina de Oliveira, "El trabajo femenino en México a fines de los ochenta", en Ramírez Bautista, Elia e Hilda R. Dávila Ibayez (comps.), *Trabajo femenino y crisis en México*, México, Universidad Autónoma Metropolitana-Xochimilco, 1990, pp. 53-57.

González, Luis, Pueblo en vilo, México, El Colegio de México, 1979.

Hareven, Tamara, *Family Time and Industrial Time*, Cambridge y Nueva York, Cambridge University Press, 1981.

Instituto Nacional de Estadística, Geografía e Informática, *ix Censo general de población y vivienda 1990. Resultados definitivos*, estados de Guanajuato, Jalisco y Michoacán, 1992.

Kaur Dhillon, Paramjeet, *Women Entrepreneurs. Problems & Prospects*, Nueva Delhi, Blaze Publishers & Distributors, 1993.

Rendón Gan, Teresa, "Trabajo femenino remunerado en el siglo veinte. Cambios, tendencias y perspectivas", en Ramírez Bautista, Elia e Hilda R. Dávila Ibayez (comps.), *Trabajo femenino y crisis en México*, México, Universidad Autónoma Metropolitana-Xochimilco, 1990, pp. 29-51.

Secretaría de Educación, Cultura y Recreación del Estado de Guanajuato, *Diagnóstico sociocultural del estado de Guanajuato*, Guanajuato, Dirección General de Culturas Populares, 1987.

EJECUTIVAS: UNA NUEVA PRESENCIA EN LOS ESPACIOS DEL PODER

Griselda Martínez Vázquez*

Introducción

En la actualidad ya no causa sorpresa el que la mujer desempeña actividades, tradicionalmente asociadas al género masculino, trátese de aquellas que requieren el uso de la fuerza, o de las que exigen valor para enfrentar el peligro, o capacidad intelectual para aplicaciones supuestamente racionales en el ejercicio del poder, ya sea en los espacios económicos, políticos o culturales. Este fenómeno refleja una paulatina desaparición de la división sexual del trabajo, además de que muestra una mayor participación de las mujeres en actividades profesionales que conllevan el ejercicio del poder, lo que exige reconocer la conformación de nuevas identidades femeninas. Las funciones de liderazgo que hoy desempeñan las mujeres en empresas privadas, en la administración pública, organizaciones no gubernamentales, la ciencia, la política, las artes, etcétera, aluden a este fenómeno cultural y nos llevan a reconocer que ellas se van apropiando de símbolos que todavía aparecen en el campo del predominio masculino.

En ese caso, *la irrupción de las mujeres en estos espacios de poder* se circunscribe al contexto de transformaciones económicas, políticas y socioculturales de una sociedad que paulatinamente se incorpora a la *modernidad*. En tal sentido, este ensayo aborda la problemática

* Profesora-investigadora de la Universidad Autónoma Metropolitana, Xochimilco, en el Departamento de Producción Económica.

de aquellas que ocupan puestos ejecutivos en el sector financiero mexicano, expresada mediante el discurso de las ejecutivas y ejecutivos entrevistados.[1] Así se analizarán los problemas que enfrentan las mujeres en ese sector y las estrategias de que se valen para superar los límites impuestos a su carrera profesional por el sólo hecho de ser *mujeres*.

Por tal razón es indispensable considerar que los puestos ejecutivos exigen a los candidatos, hombres o mujeres, características que socialmente son consideradas como inherentes al sexo masculino, pues tradicionalmente el perfil del ejecutivo se ha identificado con ciertas cualidades, como "la seguridad, el superior juicio, la capacidad para imponer disciplina y la capacidad para imponer temor".[2] De tal manera que el fenómeno de nuevas presencias femeninas en los puestos de poder obliga a reconocer que las mujeres ejecutivas, junto con todas aquellas que ejercen el poder, rompen con algunos de los estereotipos asignados en esta cultura al sexo femenino, como la pasividad, debilidad, falta de competencia, sumisión, sentimentalismo, etcétera, y con ello dan paso a un proceso de cambio cultural que permite advertir de qué manera se están transformando las identidades femeninas.

En este contexto, el presente artículo se propone presentar algunos planteamientos que faciliten la comprensión de la problemática de las mujeres ejecutivas, a partir de su experiencia en el sector financiero mexicano. En la exposición de este objeto de estudio se privilegia el análisis de las condiciones que impone tal organización en el desarrollo profesional de las mujeres.

Antes de entrar de lleno al tema presentaremos algunas de las características generales de las personas entrevistadas.[3] Se trata de

---

[1] Agradezco a las catorce ejecutivas y cuatro ejecutivos de los dos principales bancos mexicanos que compartieron conmigo una parte de las experiencias adquiridas en puestos de toma de decisiones.

[2] Richard Sennett, *La autoridad*, Madrid, Alianza Universidad, 1982.

[3] El artículo pertenece a una investigación más amplia que utilizó como elemento empírico de reflexión entrevistas a profundidad con una duración entre una y dos horas. Para concertar las entrevistas se utilizaron dos métodos: *1)* la técnica denominada "bola de nieve", es decir, las propias ejecutivas ayudaron a relacionarse con otras y *2)* de la revista interna se tomó el nombre de las mujeres de alta dirección y se concertó una cita para la entrevista.

mujeres que tienen una jerarquía profesional superior o igual a la de los hombres, es decir, mujeres que concluyeron una carrera profesional y que en la mayoría de los casos han cursado posgrados o especialidades en universidades privadas o en el extranjero. Además, cuentan con una experiencia laboral en el sector bancario de más de diez años, con excepción de una subdirectora que sólo ha permanecido durante tres años en la banca, pero cuenta con diez años de experiencia ejecutiva en otras empresas; dos mujeres de gerencia media con una corta carrera laboral en el banco, que es su primer trabajo. Como se verá, estas mujeres, por su amplio soporte profesional y su experiencia laboral, cubren perfectamente el perfil del ejecutivo bancario, lo que les permite tener movilidad ascendente.

Las personas entrevistadas podrían clasificarse por su su edad en tres generaciones, tomando como base la década de los setenta, cuando se inicia la mayor incorporación de las mujeres en el mercado de trabajo, el acceso a la educación profesional, la separación entre reproducción y sexualidad, así como el crecimiento del movimiento feminista contemporáneo.

Los rangos de edad de las personas entrevistadas son: de 25 a 35 años, ocho mujeres y dos hombres; de 36 a 45 años, tres mujeres y un hombre, y de 46 a 55 años, tres mujeres y un hombre.

La mayor parte de las entrevistadas ha incorporado en su socialización elementos que propician una percepción no tradicional acerca de la vida y la función de la mujer en la sociedad. De estas ejecutivas, once consideran que la cultura familiar las impulsó a estudiar una carrera profesional y dedicarse a ella; solamente tres, una de 42 años y dos de más de 50, recibieron una educación tradicional en donde el mandato familiar determina el papel de la mujer en la sociedad, de ahí que sus padres no promovieran en ellas el deseo de estudiar una carrera profesional, pues en una perspectiva convencional les esperaba casarse y dedicarse al cuidado del esposo y de los hijos. Pero estas tres mujeres, aun con los mandatos que recibieron, por distintas razones y circunstancias decidieron estudiar una carrera profesional y trabajar independientemente de su papel de esposas y madres.

De las catorce ejecutivas entrevistadas nueve eran casadas, y de éstas siete tenían hijos; una estaba esperando a su primer bebé, y otra no pensaba tener hijos. Sólo dos dejaron de trabajar para cuidar a sus hijos pequeños y una inició su carrera laboral a partir de su divorcio. Las otras cinco mujeres son solteras y no tienen hijos (cuadro 1).

LA TRANSFORMACIÓN DEL MERCADO DE TRABAJO

Indiscutiblemente, la transformación del mercado de trabajo que hoy abre todos sus espacios a la participación femenina, así como el acceso a la educación superior explican la presencia de mujeres que desempeñan puestos con poder. Por lo tanto, el primer antecedente comparativo con que contamos son los estudios sobre la incorporación de las mujeres en el mercado de trabajo que se iniciaron en nuestro país hace más de tres décadas. En ellos se incluye una gran variedad de temas, así como diferencias en las posiciones teóricas e interpretativas de quienes abordan los problemas.[4]

Tenemos, por ejemplo, los estudios macroestructurales sobre el trabajo femenino en México, que se refieren a los cambios económicos que se presentaron a lo largo de la historia contemporánea del país, y nos ofrecen un panorama general donde se advierte la transformación de aquellos sectores económicos que presenciaron las primeras participaciones de las mujeres, como el crecimiento de la población económicamente activa (PEA) femenina, la diversificación genérica de las ocupaciones, así como las tendencias sociodemográficas que reflejan aspectos como la edad, el estado civil, el índice de natalidad y el nivel de escolaridad. Las investigaciones realizadas sobre ocupaciones específicas de las mujeres se han abocado a desentrañar la problemática de las trabajadoras de la industria manufacturera; las empleadas en el sector servicios –como es el caso de las trabajadoras domésticas–, el magisterio, y las empleadas de los sectores público y privado. También encontré una gran varie-

---

[4] Entre quienes han realizado este tipo de investigaciones podemos mencionar a algunas autoras, como Jennifer Cooper, Teresita de Barbieri, Teresa Rendón, Brígida García, Orlandina de Oliveira, Elda Guerra, Elizabeth Jelin, entre otros.

CUADRO 1
Perfil de la población entrevistada

Nombre	Puesto	Edad	Estado civil	Hijos
Alicia	Directora	48 años	Casada	2 hijos (varón de 19 años y mujer de 23)
Beatriz	Directora	41 años	Casada	1 bebé de 11 meses
Carla	Directora	55 años	Casada	2 hijos casados de 28 y 26 años
Delia	Directora	31 años	Casada	Espera un bebé
Flor	Subdirectora	35 años	Soltera	Por lo pronto ha decidido no tener hijos
Gilda	Alta gerencia	32 años	Casada	1 hijo de 6 años
Hilda	Alta gerencia	51 años	Casada	No tiene hijos
Inés	Alta gerencia	40 años	Casada	2 hijos de 17 y 16 años
Julieta	Alta gerencia	35 años	Soltera	
Martha	Gerencia	35 años	Soltera	Cuando tenga hijos piensa dejar de trabajar
Natalia	Gerencia	42 años	Casada	Una hija de 18 años y 2 hijos de 14 y 8 años
Olivia	Gerencia	25 años	Soltera	
Patricia	Gerencia	27 años	Soltera	
Queta	Gerencia	32 años	Divorciada	1 hijo de 7 años
Esteban	Director	35 años	Casado	2 hijos (niño 12 años y niña 4)
Carlos	Alta gerencia	50 años	Casado	1 hijo de 22 años y 2 hijas de 18 y 16 años
Luis	Alta gerencia	27 años	Soltero	
Roberto	Alta gerencia	28 años	Soltero	

Fuente: Griselda Martínez, "Mujeres ejecutivas en búsqueda del equilibrio", en Soledad González y Julia Tuñón (comps.), *Familias y mujeres en México*, México, El Colegio de México, 1997, p. 255.

dad de estudios sobre la participación de las mujeres dentro del sector asalariado agrícola.

Sin embargo, en México hasta muy recientemente se ha despertado el interés por la problemática de las mujeres que ejercen el poder, de ahí que el tema que aquí presentamos haya sido poco explorado tanto en lo teórico-conceptual como en lo empírico.[5] Por lo tanto comenzaremos por definir lo que se entiende por *ser ejecutivo.*

Considero que ejecutivos son las personas, hombres o mujeres, que sin ser accionistas de la empresa ocupan los rangos más altos de la estructura organizacional, tienen personal a sus órdenes y, primordialmente, toman decisiones estratégicas o funcionales para la empresa u organismo en el que desempeñan su trabajo.[6]

Uno de los estudios pioneros sobre las mujeres ejecutivas es la investigación realizada en Estados Unidos por Margaret Henning y Anne Jardin, quienes concluyen que al alcanzar el éxito económico las mujeres van *encontrando reacomodo* en un mundo al que sienten que no pertenecen completamente; sin embargo, anticipan que a largo plazo ellas ejercerán un efecto transformador en el sistema de valores masculinos, equilibrando en esta forma las responsabilidades familiares y las exigencias laborales. Estas autoras descubrieron que uno de los factores que más afecta la carrera de las mujeres estadunidenses es la percepción masculina acerca de que "el trabajo en las mujeres va después de tener hijos",[7] lo que refleja una concepción tradicional sobre el papel de la mujer. Pero, sobre todo, en la medida en que la cultura masculina permea la cultura laboral, representa criterios subjetivos que prevalecen en las organizacio-

[5] Por mi parte, he presentado avances en los siguientes artículos: "Mujeres con poder: nuevas representaciones simbólicas" (en colaboración con Rafael Montesinos), en *Nueva Antropología*, núm. 49, 1996; "Mujeres en las estructuras del poder político", en *Bien Común y Gobierno*, núm. 22, 1996; "Empresarias y ejecutivas: una diferencia para discutir el poder femenino", *El Cotidiano*, núm. 81, 1997; "Poder y feminidad: empresarias, ejecutivas y políticas", en *Casa del Tiempo*, núm. 10, 1999.

[6] Existen puestos en la Banca Mexicana que llevan explícito el concepto "ejecutivo", como los ejecutivos de cuenta, los cuales corresponden a mandos medios, de ahí que en este trabajo no sean tomados en cuenta porque no caben en la jerarquía al nivel de alta dirección.

[7] Margaret Henning, y Anne Jardin, *The Managerial Woman*, Garden City, Nueva York, Doubleday Anchor, citado por Anthony Giddens, en *Sociología*, Madrid, Alianza Universidad, Textos, 1977.

nes para la selección y promoción de candidatos (hombres y mujeres) a los puestos de decisión. Por nuestra parte, sólo en uno de los
casos estudiados, una de las ejecutivas entrevistadas expresó que
para ella lo más importante era la familia, sugiriendo ya el conflicto
que afecta a las mujeres que ejercen el poder, en cuanto a la dificultad de conciliar el espacio privado y el público.

Por esa razón, como sugieren los estudios sobre la incorporación femenina en el mercado de trabajo, independientemente de
las tareas que realizan las mujeres, es imprescindible vincular *trabajo y maternidad* en el análisis, ya que, precisamente, la percepción
de las mujeres sobre la maternidad es uno de los principales factores que influyen sobre la decisión de retirarse, mantenerse o modificar su estancia en el mercado laboral. Las ejecutivas comparten con
cualquier *mujer-madre* trabajadora la necesidad de establecer distintas estrategias para el cuidado de los hijos con el afán de continuar
con su actividad económica.[8] Sin embargo, es importante considerar que actualmente muchas mujeres de diversos sectores sociales
tienen un proyecto de vida que incluye su desarrollo profesional,
independientemente de su realización como madres o esposas.[9]
Este aspecto es fundamental, pues la ruptura con la tradición cultural que asigna un papel marginal a la mujer comienza a erosio-
narse a partir de que ellas van alcanzando su independencia
económica y, poco a poco, construyen un proyecto de vida en el que
su desarrollo profesional es significativo en la *redefinición de su identidad femenina*.

A pesar que las mujeres transforman su percepción sobre sí mismas y, por tanto, redefinen la función social que en el futuro han de
desempeñar, advertimos que en la percepción de los empleadores
no se han registrado grandes cambios respecto al papel de madre-
esposa y las responsabilidades laborales. Este fenómeno influye de

---

[8] El tema de la maternidad y el trabajo en las mujeres ejecutivas se desarrolla
en Griselda Martínez, "Empresarias y ejecutivas...", *op. cit.*, pp. 239-279. En este
trabajo se muestra que las ejecutivas que tienen hijos, independientemente de que
cuenten con recursos materiales para contratar a alguien que los cuide, trabajan en
ocasiones más de diez horas diarias, lo que les provoca sentimientos de culpa.

[9] Véase Griselda Martínez V., *El nuevo perfil del ejecutivo bancario. ¿Una posibilidad para la mujer?*, tesis de maestría, México, Flacso, 1994.

manera significativa en la carrera laboral de las mujeres, particularmente en el trabajo ejecutivo, ya que el ser madre o futura madre es
percibido por los empleadores como limitante para el eficiente desarrollo de su trabajo en la organización, al considerar que la responsabilidad de los hijos les impide que dediquen el tiempo
necesario al trabajo. Mientras en el caso de los varones, conforme no
se les reconoce mayor compromiso que el económico en la reproducción familiar, de antemano se parte de una entidad individual
confiable que garantiza la estabilidad de las funciones asignadas al
rango ejecutivo.

La percepción que tienen los empleadores no significa correspondencia con la realidad, ya que muchas mujeres, particularmente
las que han accedido al poder, otorgan a su desarrollo profesional
una importancia preponderante en su proyecto de vida. El principal problema en el desarrollo profesional de las mujeres se debe a
que *la distribución del tiempo laboral está determinada a partir de las necesidades masculinas,* tiempo al que las mujeres se han tenido que adap-
tar sin que exista una redefinición de papeles sociales entre los
géneros. Es así como las mujeres están abriendo espacios en el ámbito público sin encontrar correspondencia en los hombres, ya que
su participación en el ámbito privado es muy limitada, lo que impone el reto de trastocar todos los receptáculos de la cultura donde
hombres y mujeres, en la práctica, reproducen formas de pensa-
miento e interacción social a partir de esquemas tradicionales.

LAS MUJERES EJECUTIVAS EN LA BANCA MEXICANA

La presencia femenina en espacios de decisión es resultado de los
cambios socioculturales que se reflejan tanto en las propias mujeres
como en las organizaciones. Observamos que conforme pasa el
tiempo existe un mayor número de egresadas de las universidades
públicas y privadas, lo que les permite ocupar mejores posiciones en
las estructuras jerárquicas de las diferentes organizaciones. Asimismo cada vez más mujeres como un proyecto de vida consideran
el ejercicio de su profesión; ya no se trata tan sólo de una individualidad que emerge como sujeto sexual, sino de un sujeto autónomo
que está en condiciones de definir qué quiere de la vida.

La cultura organizacional también se ve modificada al estar sujeta a los cambios socioculturales, de ahí que se centre la atención en las condiciones del sistema y del entorno organizacional que posibilitaron una mayor presencia de las mujeres en posiciones de poder. Por *cultura organizacional* entenderé *el sistema de creencias y valores, una forma aceptada de interacción y de relaciones típicas de determinada organización.*

En la banca mexicana se observan claramente los efectos del proceso de modernización ya que en el lapso de 10 años sufrió cambios importantes en la estructura de poder: a partir de la nacionalización bancaria del 1 de septiembre de 1982 permitió el ingreso de una mujer ejecutiva en puestos de alta gerencia. Con la reprivatización, en julio de 1992, y posteriormente con la presencia de bancos extranjeros, se incrementó el número de mujeres en el ámbito gerencial. La competencia en el sector financiero, enmarcada en un mundo globalizado, ha impulsado una serie de innovaciones tecnológicas, nuevos enfoques de organización del trabajo y cambios en las políticas de recursos humanos que abren nuevas posibilidades a la participación femenina.

Desde mi punto de vista es muy importante centrar la atención en los cambios de las políticas de recursos humanos, que definen entre otras cosas el nuevo perfil del ejecutivo, los estilos de liderazgo, las políticas de reclutamiento y selección de personal y las políticas de evaluación del desempeño y de ascenso.

La aplicación de estas políticas se propone superar mecanismos informales basados en la lealtad o en percepciones subjetivas de las personas que están en puestos de decisión. En lo sucesivo las empresas intentarán institucionalizar criterios organizacionales que posibiliten, algunas veces más y otras menos, cuantificar las capacidades y habilidades de sus cuadros ejecutivos. Éste es el caso del nivel de estudios requeridos para el puesto, experiencia laboral, eficiencia en puestos anteriores, cursos de capacitación y especialización, estilos de liderazgo, etcétera. Esta nueva estrategia organizacional pretende superar los mecanismos que no puedan ser claramente determinados y cuantificados, eliminando los efectos negativos de la subjetividad de quienes deciden, entre ellos la lealtad al jefe –en su gran variedad de formas de expresión–, la pertenencia a grupos de poder, la clase social y el sexo.

Se trata de un proceso de renovación organizacional que requiere ser más eficaz en el aprovechamiento de los recursos humanos, pues la existencia de factores informales en la selección del mejor candidato para desempeñar funciones ejecutivas nos remite a factores ideológico-culturales sobre las preferencias de los empleadores, quienes toman como referentes la clase social, la raza y el sexo. Es precisamente la percepción de los empleadores sobre la función asignada socialmente a las mujeres uno de los principales factores que limitan su carrera laboral debido a que las ideas sobre la maternidad, las responsabilidades domésticas y la educación de los hijos aparecen constantemente como obstáculos para emplear o promover a las mujeres. Así la función femenina socialmente asignada surge como una fuerza que restringe sus oportunidades en los distintos ámbitos y jerarquías de acción que presenta la sociedad actual y futura; tales percepciones apuntan hacia los referentes del imaginario social. Además, un elemento fundamental forma parte de los mecanismos informales: la percepción que tienen las mujeres sobre sí mismas y sus posibilidades de éxito, factor que al entrar en juego refleja una disminución del "techo de cristal",[10] *concepto que nos remite al límite invisible que impide el acceso de las mujeres a los máximos niveles en la estructura de poder.*[11]

Por esa razón es importante comprender qué papel juegan los valores tradicionales de la cultura genérica en la cultura empresarial, y encontrar aquellas fisuras en las estructuras de poder de la organización que favorezcan el nombramiento de mujeres ejecutivas, así como la capacidad desarrollada por ellas para descubrir sus posibilidades de acción dentro de una organización regida por valores tradicionales. En ese sentido coincido con la aseveración de Crozier y

[10] El "techo de cristal" disminuye cuando las mujeres llegan a puestos que anteriormente no ocupaban. En la estructura jerárquica del sector financiero no encontramos mujeres en los dos estratos más altos, es decir, que no hay mujeres en puestos de directora general ni directora general adjunta (primer y segundo nivel), y la presencia de mujeres en el tercer nivel, directoras de área en el sector, es muy reciente. Para mayor información sobre el techo de cristal en las ejecutivas bancarias véase G. Martínez, *El nuevo perfil..., op. cit.*

[11] Mabel Burín, "Subjetividad femenina y salud mental", ponencia presentada en Coloquio de Género y Salud Femenina, México, INNSZ y CIESAS, junio de 1993.

Friedberg, quienes aseguran que "no existen sistemas sociales completamente regulados o controlados", de tal manera que los actores, dentro de las restricciones que les impone el sistema, mantienen un margen de libertad que emplean estratégicamente en sus interacciones con los otros.[12] Esto permite pensar en la posibilidad de que cada actor individual dentro de la organización pueda vulnerar los parámetros definidos para el ascenso jerárquico.

La acción y el margen de libertad de los actores sociales pueden variar de acuerdo con las circunstancias que prevalecen en las estructuras de poder, donde las normas, principios y valores de la cultura empresarial condicionan las estrategias de los individuos en la organización. Por ejemplo, si en la organización la "racionalidad" predomina sobre la "sensibilidad", característica considerada como un factor negativo en el ejercicio de la autoridad, es de esperarse que al ser identificadas socialmente con esta característica, las mujeres encuentren mayores dificultades que los hombres para ocupar puestos de liderazgo. Esta situación de *desventaja genérica* exige en la estrategia de ascenso de las mujeres una mayor demostración de su capacidad racional que se ha de anteponer a "su sensibilidad". Al contrario, si en la cultura empresarial la sensibilidad fuera valorada positivamente, es evidente que las mujeres encontrarían menores resistencias para ocupar puestos de alto rango jerárquico, y se ampliaría en esta forma su margen de acción, en el ascenso dentro de las estructuras de poder.

De esa manera, si consideramos que el ejercicio de los actores se encuentra restringido por las estructuras económicas, políticas y socioculturales, es importante determinar cuáles son los cambios en los distintos ámbitos sociales que trastocan la cultura genérica. En ese sentido, las experiencias de vida de las ejecutivas entrevistadas permiten ahondar en el estudio de las representaciones subjetivas, como las concepciones, percepciones, estrategias y conflictos que tienen las mujeres en su interacción con hombres y mujeres en la organización. Se trata de entender de qué manera estas mujeres, por medio de distintas estrategias, superaron los límites y restricciones

[12] Michel Crozier y Erhard Friedberg, *El actor y el sistema. Las restricciones de la acción colectiva*, México, Alianza Editorial Mexicana, 1990, p. 25.

que les impone la organización, lo que hace necesario conocer su percepción del ambiente laboral a partir de: a) las exigencias para hombres y mujeres en el desarrollo de sus actividades; b) las ventajas y desventajas que tiene cada uno de los sexos en el desarrollo de sus funciones ejecutivas; c) las diferencias genéricas en la toma de decisiones, y d) el nivel de competencia y oportunidades de ascenso para las mujeres.

LOS LÍMITES DEL DESARROLLO PROFESIONAL

El primer aspecto que es preciso analizar como factor que define las posibilidades de ascenso de las ejecutivas es el papel que juegan los jefes inmediatos en la designación de los puestos, y que refleja las perspectivas culturales prevalecientes en el espacio organizacional. En ese sentido, las ejecutivas entrevistadas mencionaron la importancia de contar con jefes de los que puedan aprender, que compartan sus conocimientos y habilidades, aprecien su esfuerzo y trabajo, sean profesionales en el desarrollo de sus funciones, y definan criterios de ascenso profesionales y no por medio de relaciones personales. Los ejecutivos varones, en cambio, se mostraron más despreocupados en cuanto a su relación con sus superiores, pues consideran que su desarrollo depende exclusivamente de su capacidad en el trabajo, como si la identidad genérica que comparten con los superiores no fuera de utilidad en su desarrollo profesional.

Estas diferencias entre hombres y mujeres, respecto a la percepción del papel que juega el jefe, se deben principalmente a que los hombres no tienen dificultades para los ascensos, se cuestionan menos sus decisiones y el trabajo que han desarrollado, mientras que a las mujeres se les exige una mayor calidad y, por lo tanto, un menor margen de error.[13] Si los ascensos están sustentados por la vía de mecanismos informales, como son las relaciones personales, existen menores oportunidades para las mujeres y se afecta su desarrollo profesional. Esta situación se percibe en las siguientes opiniones:

[13] Véase M. Burín, op. cit., p. 11.

Es necesario trabajar con jefes que tengan capacidad y te dejen hacer las cosas, que tengan confianza en mi trabajo, que aprenda de ellos y me corrijan si tengo errores. Nunca he dependido de mujeres, pero no me gustaría trabajar con mujeres que tienen un liderazgo autoritario; desgraciadamente hay muchas mujeres que caen en este estilo, aunque no todas. En fin, no creo que sea cuestión de sexo sino de estilos de liderazgo. (Beatriz, directora.)

Es muy importante para el ascenso la relación con el jefe: que sea profesional, que pueda aprender de él para trabajar a gusto y desarrollar más. No he trabajado con jefas, pero si es profesional y aprendo de ella no me importaría. Mi anterior jefe no valoraba mi trabajo, me exigía muchísimo. Él prestaba mucha atención a las buenas relaciones que tenía principalmente con los hombres, porque comparten momentos como el juego de dominó, la cantina y yo no me presto para eso. Ahora tengo un jefe que valora mi trabajo, es muy profesional y las promociones se basan en resultados. (Gilda, alta gerencia.)

Tales testimonios sugieren que estas mujeres perciben una mayor exigencia en la demostración de su capacidad para realizar el mismo trabajo que los hombres, pues deben luchar más que ellos para conquistar los espacios de los que históricamente han sido excluidas. Esto les exige mayores esfuerzos para revertir los prejuicios que existen sobre ellas, como la falta de continuidad en el desarrollo de su carrera profesional, y la supuesta escasez de capacidad y habilidad en la toma de decisiones, entre otros, lo cual las hace más estrictas con ellas mismas.

Es posible advertir que para las ejecutivas es fundamental la *confianza en sí mismas*, pues en la empresa existe cierta desconfianza hacia el sexo femenino, lo cual les genera cierta presión en el ambiente de trabajo. A diferencia de los hombres a quienes el no sufrir presiones ajenas a su desempeño profesional por su identidad genérica les permite interactuar de manera más relajada en la organización.

Otro aspecto interesante es que una de las ejecutivas critica el liderazgo autoritario y considera que algunas mujeres lo ejercen. Esta posición coincide con la de algunas especialistas de género, quienes consideran que las "pocas mujeres que acceden al poder entran en un proceso de masculinización". En todo caso es pertinente advertir que el hecho de que impere un estilo de liderazgo autoritario en las organizaciones provoca que ciertas ejecutivas adopten esas actitudes para defender su posición o se vean en la necesidad de ejercer un liderazgo valorado por la empresa.

Aquí cabría preguntar realmente si las mujeres son autoritarias o los subalternos las perciben más autoritarias de lo que realmente son. Nuevamente, lo importante de tal situación es observar que el tipo de liderazgo autoritario es mucho menos cuestionado en el hombre, al grado de que resulta menos conflictivo para los subalternos, sean éstos hombres o mujeres. De las catorce mujeres entrevistadas sólo dos tenían jefas, y en su opinión el trabajar con ellas es una experiencia gratificante, lo cual nos indica que la percepción femenina puede ser parte del origen de un discurso negativo sobre las mujeres que ejercen el poder.

Esto nos lleva a pensar que conforme más mujeres se incorporen a jerarquías de mando superiores, se irá dando forma a un nuevo perfil de mujer que al ejercer el poder ayudará a modificar el imaginario colectivo. En este proceso de cambio cultural, el poder, y desde luego el liderazgo, dejarán de ser identificados como una habilidad exclusiva del género masculino, y además las cualidades específicas necesarias para la dirección empresarial se definirán independientemente de presuntas características genéricas.

En el segundo testimonio se manifiestan rasgos de un modelo de gestión informal donde los hombres tienen mayores oportunidades porque cuentan con más elementos de identificación con su jefe inmediato (varón) por el hecho de compartir concepciones similares del mundo. Este fenómeno se define como *factor confort*[14] y marca una tendencia generalizada en los ejecutivos (hombres) que están en la cumbre de las organizaciones. El hecho de que seleccionen personal más parecido a ellos para que ocupe posiciones importantes impone a las mujeres mayores dificultades para traspasar el "techo de cristal". En ese sentido, es de esperarse que el modelo de gestión formal tienda a ayudar a que las mujeres más capacitadas superen la percepción subjetiva que predomina en la cultura orga-

---

[14] Basia Hellwing, "Who Succeeds, Who doesn't", en *Working Woman*, EU, noviembre de 1991, pp. 108-112.

nizacional, y principalmente en quienes toman las decisiones, quienes definen los perfiles de los puestos ejecutivos. Sin embargo, es difícil que deje de prevalecer la pertenencia a grupos de poder como mecanismo de ascenso en las organizaciones, afectando tanto a hombres como a mujeres e impidiéndoles llegar a los puestos más altos de las estructuras jerárquicas en las organizaciones.

EXIGENCIAS ORGANIZACIONALES
A LAS MUJERES EN ASCENSO

Es interesante conocer el tipo de exigencias organizacionales que se presentan a las mujeres para acceder a puestos de poder. Mabel Burín sostiene que para ocupar puestos ejecutivos "a las mujeres se les exige la demostración de mayores capacidades".[15] Esta tendencia se confirma en las entrevistas realizadas, pues se reconoce la desconfianza hacia las capacidades profesionales femeninas, principalmente en los altos niveles jerárquicos, situación que se diluye conforme las mujeres ocupan mejores posiciones y se desempeñan con mayor seguridad, responsabilidad y calidad en el trabajo. Además, es importante destacar que también hay quienes perciben que las exigencias son semejantes para hombres y mujeres, y que obedecen a los requerimientos normales para ocupar los puestos ejecutivos, y no varían por el hecho de que sean *mujeres*.

Las mujeres tenemos que demostrar más dureza y capacidad para estar aquí. Si una mujer le gana al hombre le dicen marimacha; difícilmente te van a reconocer como una mujer guapa, femenina, simpática y también inteligente. (Alejandra, directora.)

Las mujeres tenemos que demostrar 100% más que los hombres, pero no solamente demostrar, sino que nunca acabas de ganar tu sitio. Todos los días tienes que seguir demostrando que estás ahí porque llenas la silla, pero nunca terminas. El tipo de lucha que he encontrado, y es como generalmente la puedes ganar, es no hacer caso, en la medida que le haces sentir a los señores que exactamente

---

[15] M. Burín, *op. cit.*, p. 11.

no te importa lo que piensen; tú estás muy segura de dónde estás: en ese momento se aplacan. No tienes que desgastarte en demostrar, tienes que hacer tu tarea bien y nada más. (Carla, directora.)

En ciertos niveles, como son la gerencia media, existe mayor exigencia para las mujeres. En alguna ocasión sentí que tenía mayor capacidad que otros hombres y no tenía promociones, pero ahora me doy cuenta que me faltaba madurez profesional y no era por cuestión de ser mujer. Muchas mujeres justifican su inmadurez profesional por el hecho de ser mujer y está muy mal porque no es cierto. (Delia, directora.)

Todas las mujeres que estamos a nivel de dirección en el banco tenemos una trayectoria en el aprender y en el hacer bien las cosas, no quiere decir que se les exija más a las mujeres y a los hombres no, sino de acuerdo con la capacidad de cada cual es la exigencia. En lo personal no he sentido la presión, puede ser la suerte que he tenido con mis jefes. (Flor, subdirectora.)

Sí existe una mayor exigencia a las mujeres: mi jefe aceptaba más errores de mis compañeros hombres, a mí no me perdonaba nada, pero me sirvió y por eso he llegado a donde estoy. (Gilda, alta gerencia.)

Se tienen mayores exigencias de conocimientos con las mujeres. (Carlos, alta gerencia.)

No creo que haya mayores exigencias. Las mujeres profesionistas están siempre en posibilidades de trabajar aun teniendo hijos. (Roberto, alta gerencia)

Yo no sé hasta dónde se me ha limitado o exigido más por ser mujer, pero creo que como mujer tienes que demostrar un poco más, porque hay muchas personas o jefes que no quieren apoyarnos. (Patricia, gerente.)

Esta diversidad de opiniones sobre las diferentes exigencias a los ejecutivos en el sector bancario hace evidente que las mujeres tienen que contar con mayores recursos –materiales y simbólicos– que los hombres para establecer relaciones de intercambio más igualitarias, ya sea en la organización o en la familia, lo que se traduce en que les sea más necesario demostrar su capacidad para ocupar un puesto gerencial. Esta misma situación la viven las ejecutivas británicas: "las mujeres tienen que ser doblemente buenas que los hombres para obtener la mitad del reconocimiento".[16] Se podría decir, entonces, que por el solo hecho de tener un cuerpo de mujer, la mayoría de las ejecutivas se enfrenta a un contexto hostil en la empresa. Pero las diferencias entre las mismas mujeres están principalmente en su percepción sobre las exigencias y la forma de contrarrestar el ambiente negativo, es decir, la diversidad se sustenta en la experiencia de vida de cada mujer.

En los testimonios presentados se muestran estrategias que se pueden condensar en los siguientes puntos: la dedicación a su desarrollo profesional, la capitalización de las exigencias para adquirir mayor preparación, la importancia de contar con buenos jefes, el no desgastarse y hacer caso omiso de opiniones negativas y trabajar a gusto, el tener seguridad en ellas mismas. De esta forma las exigencias se convierten en condiciones favorables para el aprendizaje de alto nivel, sin que ello evite que en su momento se presenten frustraciones por no obtener el reconocimiento merecido. Cabe señalar que esto no corresponde exclusivamente a una contradicción que sufren las mujeres, sino a una condición social que se desprende de las expectativas generadas por los individuos.

En ese sentido, es necesario conocer las experiencias de estas mujeres para comprender cuáles son las estrategias más prometedoras para alcanzar el éxito y ejercer las funciones según las expectativas organizacionales, tanto para lograr los objetivos como para tomar las decisiones que corresponden a su jerarquía y ejercer la cuota de poder que corresponde a cada puesto. En ese sentido se presentan los siguientes testimonios.

Es muy importante que tengas un proyecto de vida, en donde si la carrera laboral es parte importante, es necesario que seas dedicada y exigente. Que tengas buenas relaciones con el jefe y con el jefe del jefe, con quien toma las decisiones. No sé qué es más importante, si

---

[16] Alban-Metcalfe y M. A. West, "Mujeres ejecutivas, en J. Firth-Cozens y M. A. West (comps.), *La mujer en el mundo del trabajo*, Madrid, Ediciones Morata, 1993, pp. 190-209.

los resultados o las relaciones con el jefe, pero sí es muy necesario
hacerte conocer por tu trabajo. (Beatriz, directora.)

En primer lugar mi conocimiento previo sobre el área, proponer
proyectos que fueron exitosos: siempre busco innovar en mi trabajo
y proponer nuevos productos. La pertenencia a ciertos grupos es
muy importante porque conoces información que te puede ayudar y
te relacionas mucho mejor. (Esteban, director.)

Yo soy de las firmes creyentes en el trabajo productivo, porque la
gente que sube únicamente por relaciones personales no tiene bases
para sustentar su puesto y fácilmente se puede caer. Es necesario que
tengas bien definidas tus funciones y responsabilidades, así como
definir qué espera tu jefe de tu trabajo, para poder ir creciendo sobre
un camino seguro, no estar imaginando qué es lo que esperan de ti.
(Flor, subdirectora.)

Dedicarle el tiempo necesario al trabajo, no perder el tiempo en
cosas sin importancia. Yo aprendí a ser muy objetiva y a saber lo que
realmente me están solicitando, y así soy más eficiente y entrego un
trabajo de buena calidad. (Gilda, alta gerencia.)

Yo dediqué mi vida al trabajo, también es importante ser leal y perseverante, tratar siempre de aprender, hacer mejor las cosas, aprovechar las oportunidades. En mi caso los ascensos fueron a partir de mi
experiencia en crédito y por las reestructuraciones que hubo. (Hilda,
alta gerencia.)

Lo importante es ir ascendiendo, no pasar mucho tiempo en un
mismo puesto porque te pones inquieto; es obvio que entre más
responsabilidades, te tardas más tiempo en dominar el puesto, y las
oportunidades son mucho menores. Considero que yo estaré máximo ocho años en este puesto. (Luis, alta gerencia.)

Estas opiniones demuestran que en los niveles jerárquicos más
altos se hace indispensable dedicar todo el tiempo que exige el desarrollo de las actividades, que normalmente excede una jornada
de ocho horas diarias. Sin embargo cabe destacar que todas las ejecutivas entrevistadas adoptaron como estrategia *estudiar una carrera
profesional y dedicarse por completo a ella.* Sobre todo en el caso de Beatriz y Flor, cuyos ascensos se sustentaron, también, en los estudios
de maestría que realizaron en universidades privadas.

Por otra parte, encontramos ciertas estrategias que se utilizan en la organización, orientadas hacia una racionalidad administrativa:

1) Tener clara definición de las propias funciones y responsabilidades, así como de la forma de evaluación; saber de antemano qué se espera de ti para no imaginar lo que se te pide. Esta percepción obedece a una racionalidad administrativa que privilegia la selección y conservación del personal más eficiente y comprometido con los objetivos de la empresa.

2) Ser objetiva y eficiente.

3) Conocer tus habilidades y tener la capacidad de aprovechar las oportunidades que se te presentan; es más, propiciar que se den.

4) El uso de mecanismos informales, como las relaciones personales, puede ayudar para llegar, pero no para mantenerse; de ahí la importancia de fundamentar el ascenso con el conocimiento profesional y laboral. Sólo la mujer que tiene la mayor antigüedad menciona la perseverancia y la lealtad, cualidades que le ayudaron a lo largo de su carrera profesional. Si bien esto obedece a su experiencia personal, no se podría afirmar que se trata de elementos muy favorables ya que ella tardó en ascender al rango ejecutivo alrededor de quince años.

Aparece otra vez la importancia de no desgastarse enfrentándose a los hombres; simplemente hay que contar con habilidad para aprovechar las oportunidades. Una de las entrevistadas puso énfasis en cuestionar la naturalidad del papel de la mujer en la sociedad, ya que según su experiencia, en el momento que todas las mujeres lo comprendan, obtendrán mayores oportunidades de éxito y conquistarán los distintos espacios de poder, sin tener que pedir permiso.

Como se observa en las estrategias de las ejecutivas entrevistadas no aparece la creencia de que las mujeres no tienen las características solicitadas por los empleadores para llegar a los estratos más altos de la estructura jerárquica, como son: capacidad de decisión, dedicación, eficiencia, conocimientos y habilidades tanto profesionales como laborales. El hecho de que cada vez más empresas están contratando mujeres para puestos de decisión también lo confirma.

Resulta interesante contrastar las estrategias utilizadas por los hombres, quienes muestran algunas diferencias en relación con las mujeres:

1) Ellos no hablan de la importancia de un proyecto de vida basado en la actividad profesional.

2) Tampoco mencionan los costos que tienen que pagar en relación con sus hijos, por el hecho de que se dedican por entero a su desarrollo profesional.

3) No expresan la dedicación a su trabajo, ni la necesidad de aprender más y de contar con el apoyo de sus jefes. Tampoco se refieren a que sea necesario formalizar las políticas de ascenso y promoción. Aunque una cosa es que no lo digan y otra que no lo piensen, resultando significativas estas omisiones.

En el caso de uno de los ejecutivos entrevistados se percibe su inquietud por llegar a rangos superiores, pero no menciona que para lograrlo tenga que estar mejor preparado, sino que da mayor importancia a la especialización del puesto. Es de esperarse que este tipo de ejecutivos se retiren de la empresa si no logran las promociones que creen merecer. A diferencia de las ejecutivas, quienes tienen más paciencia confiadas en que finalmente la empresa reconocerá su esfuerzo.

EL PERFIL DEL EJECUTIVO BANCARIO

A partir de la percepción de las mujeres entrevistadas, la importancia de conocer las características que debe reunir un ejecutivo en el sector financiero radica en identificar si tales rasgos se asocian a las diferencias de género.

Todas y todos los entrevistados consideraron que las cualidades que tienen que reunir los ejecutivos son las mismas, tanto para hombres como para mujeres: capacidad de decisión, tener liderazgo y saberlo ejercer, saber formar equipos, compartir los conocimientos, contar con habilidad de negociación, tener una mentalidad abierta al cambio, ser responsable y profesional.

En cuanto a los niveles de escolaridad se mencionó la necesidad de contar con maestría, principalmente en universidades privadas, como el Tecnológico de Monterrey, el Instituto Tecnológico Autónomo de México, la Universidad Iberoamericana o en instituciones del extranjero como Stanford, Harvard o Yale. La percepción que tienen los y las ejecutivas entrevistados está de acuerdo con el nuevo liderazgo y con los objetivos propuestos por los bancos, como incrementar la rentabilidad y productividad y mejorar la calidad de los productos y servicios ofrecidos, condición indispensable ante la apertura comercial y la globalización económica. Evidentemente, la posibilidad de llevarlos a cabo ha aumentado su interés por reclutar recursos humanos muy calificados, con una actitud positiva hacia los cambios y gran capacidad de adaptación. Esta última cualidad es más difícil de encontrar en el personal que tiene mayor antigüedad en la institución, pues su propia condición social opone serias resistencias al cambio. En el caso de las organizaciones, en general, se inclinan por el uso de sistemas computarizados, nuevas formas de trabajo, nuevos estilos de autoridad, etcétera.

A continuación se presentan algunos comentarios sobre el estilo de liderazgo que se está buscando en la banca:

El estilo de liderazgo propuesto por el banco, es que seas capaz de llevar a tu gente en un plan de desarrollo de vida y carrera, que puedas delegar decisiones funcionales para tener tiempo en la planeación estratégica. Existe personal que conoce muy bien sus funciones pero no ha desarrollado habilidades en el manejo de recursos humanos, por lo que están tratando de desarrollarlas. (Flor subdirectora.)

Las cualidades tienen que ser las mismas para hombres y mujeres y debes de exigir lo mismo. Principalmente ser perseverante; aplicar tus conocimientos; tener mucho control de las relaciones humanas, tanto con los pares, como los de arriba y los de abajo; formar equipos, porque el éxito lo logras con tu gente; enseñar a la gente; tener seguridad y no tener miedo de tomar decisiones. (Hilda, alta gerencia.)Se necesita gente que tome decisiones, que sepa manejar grupos, que tenga capacidad de negociación. (Roberto, alta gerencia.)

Se necesita gente que tome decisiones, que sepa manejar grupos, que tenga capacidad de negociación. (Roberto, alta gerencia)

Las cualidades de los ejecutivos dependen de las áreas, pero en general creo que es muy importante tener liderazgo y saberlo ejercer: puedes llegar al nivel y no ser jefe si no tienes liderazgo. Y no importa el estilo: tienes que formar equipos, saber apoyarlos, saber compartir con ellos y saber enseñarles. (Alicia, directora.)

La imagen y las cualidades han cambiado mucho; el directivo que se había hecho en el banco sin muchos conocimientos académicos ya casi no existe. Ahora somos una generación diferente en donde el ascenso es mucho más rápido por la preparación profesional que se necesita. Es necesario tener empuje, ser gente muy trabajadora y abierta al cambio. Las cualidades e imagen requeridas son las mismas para los hombres y las mujeres. (Beatriz, directora.)

Tanto las ejecutivas entrevistadas, como los ejecutivos consideran que las características necesarias para los puestos de mando no se identifican con algún sexo. Tal percepción constituye un gran avance si se considera que significa el resquebrajamiento de la imagen del "jefe como padre", lo que permite en el imaginario colectivo, al hablar de poder o liderazgo, incorporar simbólicamente la imagen femenina. Dicho fenómeno confirma tanto el cambio cultural como la emergencia de nuevas identidades femeninas, sobre todo a partir de los perfiles de las mujeres que ejercen el poder.

En la formación de un nuevo liderazgo las mujeres podrían contribuir con su experiencia a proponer estilos distintos, lo que les evitaría sentirse ajenas en un medio que comienza a ser suyo.[17] Asimismo, es importante observar cómo cada vez más se diluye la imagen estereotipada de que las mujeres con poder de decisión tienen un comportamiento masculino y autoritario. Entre las ejecutivas entrevistadas sólo una muestra ser una líder autoritaria que proyecta una imagen sobreactuada, misma que podría interpretarse como un afán de ocultar su vulnerabilidad como parte del género femenino y encubrir su extracción social, diferente a la que predomina en las altas esferas del sector financiero; a diferencia de otras entrevistadas que no muestran inseguridad y, por lo tanto, se comportan con mayor naturalidad. Se podría decir que Delia no ha

---

[17] Véase Griselda Martínez V., "Los retos de las mujeres ejecutivas ante el nuevo liderazgo, en *Revista Nueva Sociedad*, núm. 135, Venezuela, enero-febrero, 1995.

logrado conciliar su identidad femenina con su actividad profesional de la manera en que se esperaría.

LIDERAZGOS FEMENINOS

En el ejercicio de la autoridad, las mujeres y los hombres entrevistados no consideran que existan diferencias por sexo, sino que estás corresponden principalmente a características, experiencias y habilidades personales. Pero la mayoría coincidió en que las mujeres tienden a ser más intuitivas, sensibles, cariñosas y perceptivas. Aunque estas características también se encuentran en algunos hombres, puede afirmarse que existen diferencias entre los liderazgos femeninos y los masculinos.

En cuanto a la toma de decisiones, las mujeres procuran fundamentarlas más, y tienden a ser más detallistas debido a que se les aceptan menos errores y a que existe una forma cultural "femenina" de actuar. Encontramos diferencias de género en las relaciones laborales de los ejecutivos, ya que a las mujeres se les cuestionan sus decisiones porque provienen de un cuerpo femenino y no por cuestiones profesionales; suele pensarse que si cometen errores es porque son mujeres y no por fallas profesionales. Pero al mismo tiempo, si se considera que las mujeres son más intuitivas, se advierte que las soluciones que ellas toman en forma inmediata generalmente son positivas. Cabe destacar que en las áreas de negocios se concede un valor especial a la intuición, y por ello paulatinamente se han ido aceptando con beneplácito la participación de las mujeres.

A continuación se presentan los estilos de liderazgo de las mujeres ejecutivas, los cuales desmienten que en su mayoría adopten estilos de liderazgo autoritario, generalmente asociados con el género masculino. Se podría decir que la existencia de liderazgos femeninos corresponde a la experiencia sociohistórica de las mujeres, sin perder de vista que hay un estilo de liderazgo aceptado por la banca, el cual tanto hombres como mujeres tienen que adoptar.

A mí me gusta divertirme, me encanta trabajar con mujeres porque son muy afectuosas, sentimentales y ven las cosas distinto. A mí me gusta lo afectivo, compartir con mi gente, apoyarlos y enseñarles para que crezcan y se desarrollen. (Alicia, directora.)

Creo que soy muy exigente, pero no me considero autoritaria. Me gusta enseñarle a la gente, que todos trabajemos. La principal diferencia entre hombres y mujeres en el estilo de dirigir es la sensibilidad que tenemos las mujeres y que puede ayudar; pero no creo que las diferencias en el liderazgo sean cuestión de sexo, sino de personalidad. (Beatriz, directora.)

Yo soy muy maternal pero exigente, me gusta enseñar a mi gente, también le pongo nuevos retos, para que estén seguros de las decisiones que toman: a mí no me gusta decidir todo. Creo que nunca hay reglas escritas para decidir y si no te arriesgas no tienes proyección. (Ivonne, alta gerencia.)

Creo que mi estilo es participativo. Parto de la base de que toda mi gente tiene algo que aportar y que ellos conocen mejor sus necesidades. Para formar equipos es necesario hacer que la gente participe, comprometerlos con las metas y desarrollar sus potencialidades. Si sabes ser líder te quitas muchos conflictos, porque el esfuerzo de uno es mucho mayor si no se trabaja en equipo. (Flor, subdirectora.)

Yo soy autoritaria, no doy posibilidades de que fallen, no me gusta estar detrás de la gente. Además para que crezcan es necesario dejarlos solos. (Delia, directora.)

Sí hay diferencias entre hombres y mujeres; yo tengo una imagen muy dura y tuve que serlo. Exijo mucho a las personas: ya saben que si trabajan conmigo lo tienen que hacer bien. Creo que depende de la personalidad y yo soy muy exigente y en ocasiones inflexible. (Hilda, alta gerencia.)

Considero que soy una persona que doy oportunidad a mis colaboradores para que desarrollen su creatividad y los estimulo, escucho sus comentarios, si creo que son buenos los ponemos en marcha. (Luis, alta gerencia.)

Me gusta negociar con la gente, tomo en cuenta las necesidades personales, soy muy consecuente, me gusta escuchar, saber sus opiniones y sus críticas. (Roberto, alta gerencia.)

Estos estilos de liderazgo muestran que existen diferencias genéricas en el ejercicio de la autoridad, aunque las entrevistadas consideran que estas características no corresponden al hecho de ser mujer u hombre, sino a estilos de liderazgo más eficientes para la toma de decisiones en ámbitos donde actualmente se necesitan líderes consensuales y participativos. Recordemos que Likert, en el estudio de los sistemas de administración, nos muestra cuatro modelos, que son: autoritario-coercitivo, autoritario-benevolente, consultivo, y participativo; los dos últimos logran mayor productividad, buenas relaciones laborales y alta rentabilidad, liderazgos que está promoviendo la banca para lograr una modernización en su sistema de administración.[18]

En tres casos podríamos identificar un estilo autoritario-benevolente, que corresponden a dos mujeres y un hombre. Sin embargo, la mayor parte de las ejecutivas aceptaron ser exigentes sin que ello signifique que sean autoritarias.

El nuevo liderazgo podría ser ejercido con menos contradicciones por las mujeres debido a su experiencia sociohistórica, ya que se les han enseñado a ser más afectivas, y a estar atentas a las necesidades de los otros; mientras que a los hombres se les inhiben estos rasgos al fomentarles una educación más individualista.[19]

Se observa que las ejecutivas entrevistadas cubren perfectamente las exigencias del nuevo perfil del ejecutivo del sector financiero, pues al adoptar un estilo de liderazgo consensual y participativo tienden a delegar más; asimismo cuentan con una formación profesional adquirida en las universidades, que los bancos prefieren, y tienen además una amplia experiencia laboral en el sector.

A MANERA DE CONCLUSIÓN

Las mujeres, en general, compiten en desventaja con sus pares varones principalmente por tres cuestiones: *1)* en el plano personal, tienen que tomar decisiones importantes en el transcurso de su ciclo

---

[18] Véase Idalberto Chiavenato, *Introducción a la teoría general de la administración*, México, McGraw-Hill, 1999.
[19] Véase G. Martínez V., "Los retos de las mujeres ejecutivas...", *op. cit.*

de vida, en donde el trabajo y la familia aparecen como ámbitos antagónicos. Ellas habrán de establecer distintas estrategias para conciliarlos, situación que no se les presenta a los hombres; 2) en la organización suele considerarse que las mujeres conceden mayor prioridad a la familia sobre el trabajo, por lo que probablemente no dedicarán a las empresas el tiempo que éstas exigen; 3) mientras el tiempo laboral sea definido por las necesidades de los varones, las mujeres que decidan alcanzar el "éxito profesional" se tendrán que adecuar a éste, lo cual, a diferencia de los hombres, les significa una doble carga.

De ahí que todos los ejecutivos entrevistados, mujeres y hombres, contestaran que la desventaja de las mujeres es la maternidad, pues en el imaginario colectivo se sigue considerando que el hecho de tener hijos; es una limitación real para el trabajo; sólo cuando los hombres participen más en el hogar las mujeres lograrán una participación más igualitaria en el mercado de trabajo. *El que se perciba como única desventaja la maternidad se podría considerar como un avance*, ya que no se menciona en ningún momento que la mujer tenga menor capacidad racional, que sea histérica, voluble, sensible o que no sea profesional, mensajes que comúnmente expresan los hombres. Sin embargo, es importante que las organizaciones se tornen altamente eficientes, pues, bajo una lógica de tiempos laborales perfectamente acotados, las mujeres disfrutarían de mejores condiciones para conciliar sus dos mundos: el laboral y el privado. Los mismos hombres podrían aprovechar esta situación para revalorar sus relaciones de pareja y familiar.

El principal problema de la mujer, que se hace palpable con la llegada de los hijos, no es tanto la maternidad sino la forma en que las empresas perciben la eficiencia, ya que se considera que una persona es más eficiente si le dedica más tiempo al trabajo. Las mujeres tienen el deseo de equilibrar el tiempo de trabajo y de familia, de ahí que algunas proyecten la búsqueda de otras posibilidades profesionales en el momento en que tienen hijos, ya que en el banco no lograrían el equilibrio, debido a la forma en que están planteadas las actividades. Todo el personal ejecutivo debería hacerse consciente del costo que paga por desempeñar actividades tan demandantes, que afectan su calidad de vida. Como lo expone Carla: "Un ejecutivo por más que gane, no dispone de su tiempo e independencia, siendo muy alto el costo que paga". En el mismo sentido es la opinión de Ivonne: "Conciliar las distintas esferas de tu vida es muy importante, de tal manera, que no te sientas frustrada porque dejaste lo mejor de tu vida atrás de un escritorio. La mejor forma que yo he encontrado para conciliar mi vida es traer ciertas esferas de mi vida a la chamba".

Una opción que puede significar mayor igualdad de oportunidades para las mujeres en la organización es procurar que todos desarrollen sus funciones en el horario establecido, organizar mejor el tiempo y evitar perderlo en trabajos innecesarios o discusiones infructuosas, es decir, promover una verdadera modernización empresarial. Es claro que si una persona no cumple con su trabajo eficientemente en el horario establecido se tendrían que revisar las siguientes cuestiones: *a)* no cuenta con la capacidad necesaria para el puesto, pues su desempeño es ineficaz en la realización del trabajo; *b)* no delega funciones y responsabilidades, lo que remite a la falta de trabajo en equipo, y *c)* pueden estar mal planteadas las funciones, y es necesario innovar empleando nuevos procesos o uso de tecnología, o aun contratando más personal.

La maternidad, desventaja laboral de las ejecutivas, se traduce en una ventaja para los hombres, pues todas y todos consideran que ellos no se preocupan por el tiempo que le dedican a la familia; de ahí que en la organización se espere de los hombres mayor compromiso que de las mujeres. Tal situación también se está modificando debido a que algunos hombres no están dispuestos a dar todo su tiempo a la empresa[20] mientras hay mujeres que sí lo hacen –como es el caso de las ejecutivas entrevistadas–, lo que les permite desarrollar exitosamente su trabajo (aunque algunas tengan conflictos o sentimientos de culpa).

Pero, independiente de la desventaja de las mujeres por su papel reproductor, ellas consideran que tienen ventajas respecto de

---

[20] Yankelovich nos dice que el significado del valor moral sobre el trabajo se está modificando, ya que muchos trabajadores empiezan a percibir "el trabajo como un medio para otro fin, el del desarrollo personal, y no [como] algo que es moralmente valioso en sí mismo", consenso que produce una nueva generación de trabajadores, y por tanto cambios en la relación jefe-trabajador. R. Sennett, *op. cit.*, pp. 106 y 107.

los hombres al ser más responsables, mejores trabajadoras, contar con una mayor vocación de servicio y ser más leales, rasgos que obedecen a su experiencia cultural.

En la interacción con sus colegas es de esperarse que las mujeres ejecutivas tengan mayor facilidad para convivir con los hombres, al ser muy pocas mujeres las que están en estas posiciones. Generalmente en las reuniones de trabajo son las únicas entre varios hombres, o una evidente minoría. De las catorce entrevistadas, sólo dos prefieren interactuar con hombres. Delia considera que "las mujeres son más personalistas y menos profesionales". Asimismo, Queta siente que "no se puede confiar en las mujeres porque son más envidiosas".

Las otras doce mujeres interactúan indistintamente con hombres y mujeres, aunque debido a su trabajo conviven más con los hombres. En uno de los bancos, las mujeres ejecutivas se reúnen una vez al mes para desayunar y compartir experiencias sobre sus actividades, tanto laborales como familiares, y además para formar redes de ayuda. Ésta es una excelente estrategia tanto para conocerse como para crear modelos de identificación con mujeres que comparten las mismas experiencias y encontrar soluciones factibles que las ayuden a superar las restricciones que impone la organización.[21]

La existencia del "techo de cristal" sobre las mujeres se debe a la influencia de la cultura genérica en la cultura empresarial y a la identidad femenina tradicional, de ahí que sea muy importante partir de los cambios en las identidades genéricas para lograr modificaciones en la cultura empresarial.

Se advierte una situación muy peculiar respecto al "techo de cristal": la mayoría de las personas entrevistadas no considera que las limitaciones sean impuestas por la organización, sino por las propias mujeres. Para evaluar esta apreciación cabe recordar que ellas están en los mejores niveles, y por tanto no creen en la existencia de un "techo de cristal"; sin embargo están conscientes de que hay mayores

---

[21] Conforme pasa el tiempo va percibiéndose un mayor interés de las ejecutivas por conocer los factores que limitan su desarrollo profesional, y empiezan a constituir asociaciones con la finalidad de intercambiar experiencias que les permitan sobrepasar las limitaciones culturales y organizacionales.

exigencias en la demostración de la capacidad y responsabilidad de las mujeres, situación que se recrudece con la llegada de los hijos. Es decir, las limitaciones que impone la organización son tan sutiles que se perciben sin que se consideren como limitaciones insalvables.

A partir de las percepciones de las y los ejecutivos entrevistados aparecen los cambios en la conformación de identidades genéricas. Tales cambios proyectan en el imaginario femenino nuevas identidades genéricas, en las que ellas cuentan con proyectos de vida propios donde la actividad profesional tiene un lugar preponderante o igual que el de la maternidad. Sin embargo, entre las dificultades que enfrentan las ejecutivas en su desarrollo profesional destaca la conciliación entre el trabajo y la familia, como sucede con cualquier otra mujer que ejerce el poder. Por eso es importante considerar las estrategias utilizadas por las ejecutivas entrevistadas, ya que debido a su actividad profesional tienen que trabajar durante tiempo completo, restringiendo el que conceden al espacio privado, por lo cual, al igual que otras mujeres trabajadoras, recurren a distintos mecanismos para el cuidado de los hijos. Asimismo, es preciso tener en cuenta las nuevas relaciones de pareja que emergen de la reciente condición femenina, en las cuales ha de identificarse la estructura de modelos de autoridad, libertad de movimiento, conflictos de pareja y causa de los mismos.

En el contexto de la modernización, la transformación de la cultura genérica coincide con la emergencia de una cultura empresarial que ahora define nuevos perfiles para los puestos ejecutivos, en la que las diferencias de género se matizan o se sustituyen por el nivel profesional y la clase social. Se podría pensar que la recomposición de las estructuras de poder en las organizaciones es el momento coyuntural para que las mujeres puedan ocupar puestos en la cima de la pirámide organizacional, dependiendo de su actuación y de las modalidades que asuma la redefinición de su identidad de género, que lleva a la mayor participación de los hombres en el ejercicio de la paternidad y en la atención del espacio familiar. Esto dará lugar a que se instauren condiciones más propicias para que mujeres y hombres tengan las mismas oportunidades en su carrera profesional.

Es importante identificar qué posibilidades tendrían las mujeres para ocupar puestos ejecutivos, frente a los cambios que se presentan tanto en las organizaciones como en la cultura genérica. Cabe también considerar que sus oportunidades dependerán de las elecciones y estrategias adoptadas por ellas mismas.

En esta forma las mujeres ejecutivas no solamente ratifican la superación de la *división sexual del trabajo* que se advierte en el proceso de modernización cultural en México, sino que también confirman la configuración de una nueva identidad femenina sustentada en su autonomía y capacidad de elegir un proyecto de vida donde ellas tienen el papel protagónico. Esta nueva situación sociocultural les permite ir ganando espacios donde, aun en la actualidad, predomina la figura masculina. La mujer ejecutiva, como una mujer que ejerce el poder, contribuye, quizá sin saberlo, a un proceso de *resignificación simbólica* en el que la imagen de la mujer se sustenta en rasgos identificados anteriormente con los hombres, dejando atrás papeles sociales marginales.

Desde el momento en que las mujeres conquistan los espacios del poder y toman decisiones que afectan la acción de otros, contribuyen a un cambio cultural profundo que se expresa en todas las esferas de la vida social.

BIBLIOGRAFÍA

Alban-Metcalfe y M. A. West, "Mujeres ejecutivas, en J. Firth-Cozens y M. A. West (comps.), *La mujer en el mundo del trabajo*, Madrid, Ediciones Morata, 1993, pp. 190-209.

Andrée, Michel, *Sociología de la familia y del matrimonio*, Barcelona, Ediciones Península, segunda edición [199...]

Burín, Mabel, "Subjetividad femenina y salud mental", ponencia presentada en Coloquio de Género y Salud Femenina, México, INNSZ y CIESAS, junio de 1993.

——, *Estudios sobre la subjetividad femenina, mujeres y salud mental*, Buenos Aires, Grupo Editor Latinoamericano, 1987.

Coria, Clara, *Los laberintos del éxito, ilusiones, pasiones y fantasmas femeninos*, Buenos Aires, Paidós, 1992.

——, *El sexo oculto del dinero, formas de dependencia femenina*, Buenos Aires, Grupo Editor Latinoamericano, 1988.

Crozier, Michel y Erhard Friedberg, *El actor y el sistema. Las restricciones de la acción colectiva*, México, Alianza Editorial Mexicana, 1990.

Chiavenato, Idalberto, *Introducción a la teoría general de la administración*, México, McGraw-Hill, 1999.

Helgesen, Sally, *La ventaja de ser mujer, formas femeninas de liderazgo*, Buenos Aires, Ediciones Garnica-Vergara, 1993.

Hellwing, Basia, "Who Succeeds, Who doesn't", en *Working Woman*, EU, noviembre de 1991, pp. 108-112.

Henning, Margaret y Anne Jardin, *The Managerial Woman*, Garden City, Nueva York, Doubleday Anchor, citado por Anthony Giddens, en *Sociología*, Madrid, Alianza Universidad, Textos, 1977.

Lauretis, Teresa de, "La tecnología del género", en Ramos, Carmen (comp.), *El género en perspectiva*, México, Universidad Autónoma Metropolitana-Iztapalapa, 1991, pp. 231-277.

Martínez V., Griselda, "Poder y femineidad, empresarias, ejecutivas y políticas", en *Casa del Tiempo*, núm. 10, México, diciembre de 1999.

———, "Mujeres ejecutivas en la búsqueda del equilibrio", en González, Soledad y Julia Tuñón (comps.), *Familias y mujeres en México*, El Colegio de México-PIEM, México, 1997.

———, "Empresarias y ejecutivas: una diferencia para discutir el ejercicio del poder femenino", en *El Cotidiano*, núm. 81, enero-febrero, 1997.

———, "Las mujeres en las estructuras del poder político", en *Bien Común y Gobierno*, núm. 22, México, septiembre de 1996.

———, "Los retos de las mujeres ejecutivas ante el nuevo liderazgo, en *Revista Nueva Sociedad*, núm. 135, Venezuela, enero-febrero, 1995.

———, *El nuevo perfil del ejecutivo bancario. ¿Una posibilidad para la mujer?*, tesis de maestría, México, Flacso, 1994.

Martínez, Griselda y Rafael Montesinos, "Mujeres con poder: nuevas representaciones simbólicas", en *Nueva Antropología*, núm. 49, México, marzo de 1996.

Montesinos, Rafael, "Vida cotidiana, familia y masculinidad", en *Sociológica*, núm. 31, mayo-agosto, 1996.

———, "Cambio cultural y crisis de la identidad masculina", en *El Cotidiano*, núm. 68, México, Universidad Autónoma Metropolitana-Azcapotzalco, marzo-abril, 1995.

Pérez Gil, Sara y Griselda Martínez, "Perfiles de liderazgos femeninos en organismos civiles en México", en *Iztapalapa*, núm. 45, México, Universidad Autónoma Metropolitana-Iztapalapa, enero-junio, 1999.

Sennett, Richard, *La autoridad*, Madrid, Alianza Universidad, 1982.

Tarrés, María Luisa, "Introducción: la voluntad de ser", en Tarrés, María Luisa (comp.), *La voluntad de ser. Mujeres en los noventa*, México, El Colegio de México, 1982.

Empresarias y ejecutivas. Mujeres con poder
se terminó de imprimir en abril de 2001,
en los talleres de Corporación Industrial Gráfica, S.A. de C.V.
Francisco Landino 44, Col. Miguel Hidalgo,
13200, México, D.F.
Se imprimieron 1 000 ejemplares más sobrantes para reposición.
Cuidó la edición la
Dirección de Publicaciones de El Colegio de México.